혼자,
천천히,
북유럽

손으로 그린 하얀 밤의 도시들

혼자,
천천히,
북유럽

글과 그림 **리모 김현길**

상상출판

긴장된 눈썹을 문지르며 잠을 청했다.

어쩌면 다행스러운 일이다.

쉽게 익숙해지지 않는 것 중 하나가 여행이라서.

프롤로그

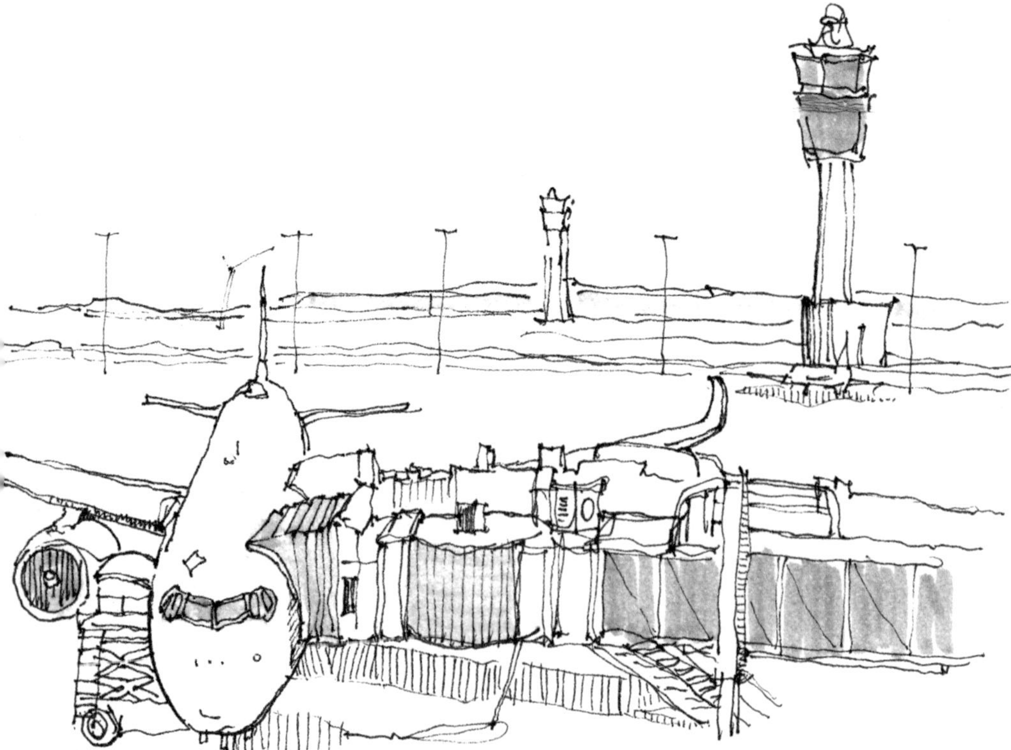

출발하는 날.

앉은 좌석으로부터 항공기의 진동이 느껴졌다. 급유를 하는 중인지 쌉싸름한 항공유 냄새가 코끝을 스쳤고, 창문을 통해 핀에어 항공기의 백조처럼 새하얀 날개가 보였다. 기내는 쾌적하고 시원했지만, 창밖은 여름이 지배하는 공간이었다. 8월의 햇살이 만든 열기는 아지랑이가 되어 아스팔트 위로 무섭게 피어올랐다.

출발을 알리는 낯선 핀란드어 방송이 울려 퍼졌고, 비행기는 뜨겁고 난폭한 활주로 위로 서서히 나아갔다. 속도를 끌어올리던 기체가 마침내 하늘을 향해 고개를 들어 올렸다. 후덥지근한 한국의 여름은 발밑으로 작게 멀어져 갔다.

좌석 주머니에 꽂아 두었던 탑승권을 다시 꺼내 도착 시각을 확인했다. 목적지는 핀란드의 수도 헬싱키였다. 7,400킬로미터 떨어진 낯선 대지에 내려앉으려 항공기는 쉼 없이 10시간을 날아야 했다.

'이렇게 대충 떠나도 되는 걸까.'

한 달간의 그림 여행. 장기간의 프로젝트가 처음은 아니었지만, 불안한 마음은 어쩔 수 없었다. 따로 넣어 두었던 카메라와 그림 도구들을 점검했다. 분주한 내 마음을 아는지 모르는지 비행기가 길을 재촉했다. 해가 지는 방향을 따라 서쪽으로, 서쪽으로.

목차

02 Sweden 스웨덴

03 Norway 노르웨이

04 Denmark 덴마크

드로잉 여행을 위한 준비물

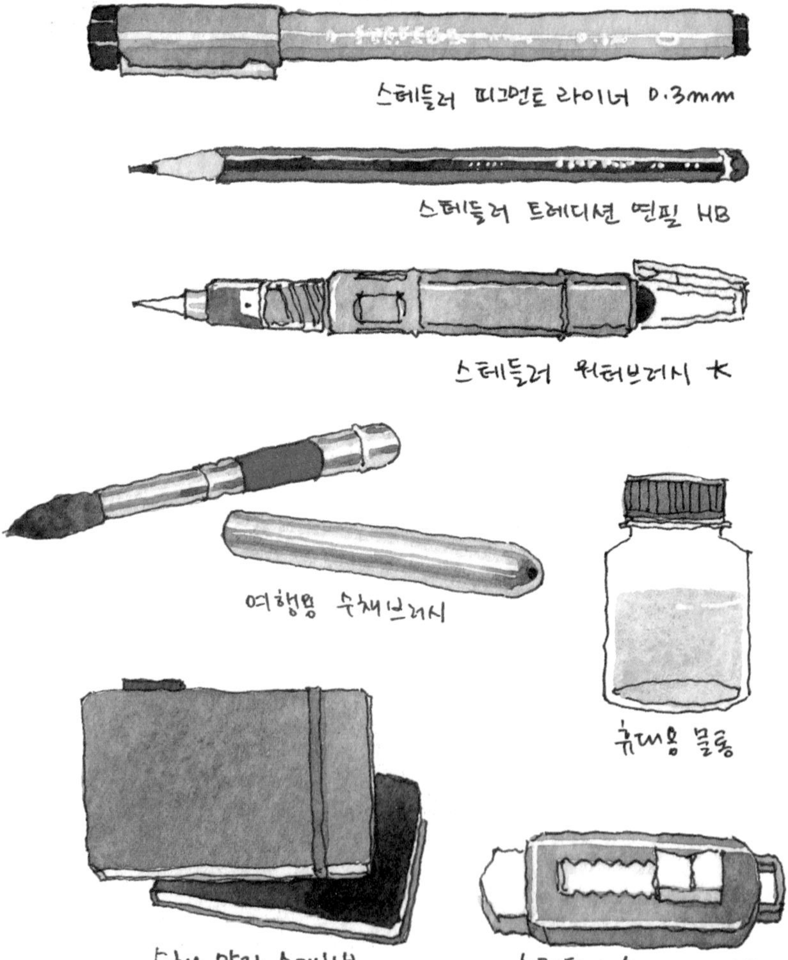

펜

건속성, 내수성이 뛰어난 펜을 쓰는 것이 좋다. 건속성이란 종이 위에 긋자마자 빠르게 건조되는 성질을 말하며, 내수성이 좋은 펜은 마른 뒤 수채 물감 등으로 채색해도 번지지 않는다. 스테들러의 피그먼트라이너가 대표적이다. 나는 여행 중에 주로 0.3밀리미터를 사용했다. 만년필을 사용하는 경우에는 누들러 잉크, 플래티넘 카본 잉크와 같이 내수성이 뛰어난 잉크를 사용해야 번짐을 막을 수 있다.

연필

연필심의 경도가 너무 무르면, 드로잉이 뭉개지는 현상이 발생할 수 있다. 여행 중에는 HB, B 정도의 연필심을 애용한다. 케이스에 찌꺼기를 모아둘 수 있는 휴대용 연필깎이가 있으면 편리하다.

붓

간단한 채색은 따로 물통이 필요 없는 워터브러시를 사용하고 있다. 한 자루로는 물의 양이 부족해 보통 두 자루 이상 휴대한다. 워터브러시가 아닌 일반 붓의 경우 몸통과 붓모가 분리 가능한 형태의 여행용 붓을 선호한다. 몸통 부분을 붓 케이스로 활용할 수 있어 여행 중에 붓모가 상하는 것을 막아 준다. 워터브러시가 아닌 일반 붓을 사용할 때에는 휴대용 물통을 따로 챙겨야 한다.

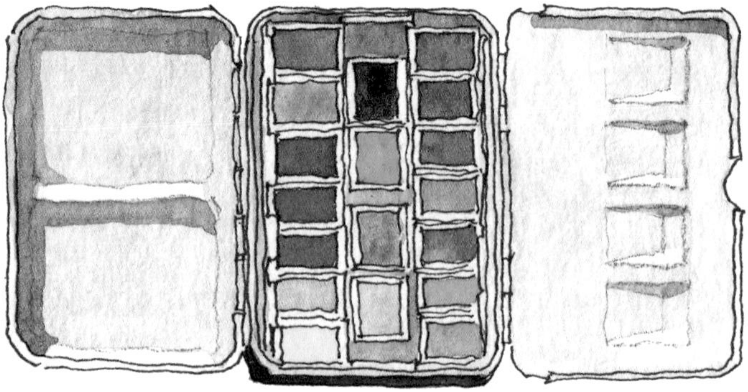

틴케이스에 담은 수채물감

현장에서 그리지 못한
풍경들은 카메라로 담기!

초경량 접이식 의자(300g)

수채물감

물감은 부피가 작은 틴케이스에 넣어 휴대하고 있다. 튜브 물감을 짜는 과정이 귀찮은 여행자라면 굳혀진 상태로 판매가 되는 고체 물감을 선택하는 것이 편리하다. 시장에 많은 물감 브랜드가 존재해 추천이 쉽진 않지만, 초보자를 위한 합리적인 브랜드로 윈저앤뉴튼의 코트만과 로얄탈렌스의 반 고흐 고체물감을 권한다.

그 외 장비

어반 스케치용 화판이나 전용 가방 등 밖에서 그리는 이들을 위한 전문장비가 시장에 다양하게 나와 있다. 기호에 따라 선택할 수 있지만 딱 하나 필수품이 있다면 '의자'가 아닐까 싶다. 휴대성이 관건이므로 무게가 300그램 전후로 가볍고, 접을 수 있는 제품이 좋다.

01

Finland

Helsinki
Vantaa
Airport, Finland

*

바다와 숲 사이로

짧은 수면과 두 번의 식사를 마치는 동안 비행기는 부지런히 서쪽을 향해 날아갔다. 오랜 비행 끝에 기체가 천천히 선회하며 착륙을 준비하는 것이 느껴졌다. 핀란드의 수도 헬싱키에 도착을 알리는 방송이 기내에 울려 퍼졌다. 촌스러운 여행자가 되지 않기 위해 애써 마음을 가라앉히며 창밖으로 시선을 옮겼다.

헬싱키 반타 공항은 도심에서 다소 떨어진 북쪽 외곽에 있는데, 하늘에서 내려다본 공항 일대는 푸르름으로 가득했다. 북구의 하늘 아래로 숲과 작은 호수들이 끝없이 펼쳐져 있었고, 남쪽을 바라보자 헬싱키 도심 너머로 반짝이는 발트해가 보였다. 빌딩 가득한 김포공항이나 섬 위에 외롭게 세워진 인천공항과는 사뭇 다른 느낌이었다.

핀란드를 대표하는 공항이지만 규모는 생각보다 크지 않았다. 평일 오후의 버스터미널 같던 텅 빈 통로를 걸어 입국장을 통과했다.

공항 밖으로 빠져나온 뒤 중요한 사실 하나를 깨달았다. 여름 태양 아래에 있는데도 전혀 땀이 나지 않는다는 것. 햇빛이 닿지 않는 곳에서는 심지어 약간의 추위가 느껴지기도 했다.

정류장을 출발한 버스는 한산한 도로 위를 달려 시내로 향했다. 무거운 배낭을 옆 좌석에 내려놓고 스쳐 지나가는 풍경을 바라보았다. 서늘하고 깨끗한 바람 속에 흔들리는 자작나무 숲. 흰 구름과 파란 하늘의 선명한 대비. 이렇듯 핀란드의 첫 느낌은 싱그럽고 투명했다.

*

발트해의 아가씨

"여행 전과 여행 후에 인상이 달라지는 도시가 있다."

헬싱키에 대한 선입견이 있었다. 세련되면서도 어쩐지 조금은 깐깐하고 새침할 것 같은 느낌. 핀란드는 아름답고 깨끗한 자연으로 가득한 나라다. 개인의 행복을 보장하는 강력한 복지 시스템이 갖춰져 있으며, 국가청렴지수 또한 세계 Top3를 놓치지 않는 선진국이다. 부러운 점이 많은 이 나라의 수도 헬싱키. 이 도시에 대한 선입견은 어쩌면 작은 질투심에서 비롯된 것인지도 모르겠다.

가깝게 들여다본 헬싱키는 상상한 것보다 훨씬 소박하고 따뜻했다. 번성한 항구도시인데도 어디든 깨끗한 거리와 주요 관광지인데도 불구하고 각자의 일상을 찾아 저녁 6시에 문을 닫는 노점이 생소하게 느껴졌다. 구시가지의 좁은 골목들은 소박하고 친근할지언정 결코 허름해 보이지 않았다. 런던이나 파리 같은 도시가 한껏 멋을 부린 귀부인이라면, 헬싱키는 꽃다발을 든 소녀의 순박한 웃음과 같았다.

헬싱키는 유럽 각국의 수도 중 가장 젊은 편에 속한다. 1550년 스웨덴의 구스타브 바사 왕이 러시아 진출을 발판으로 건설하기 시작했다. 그때만 해도 핀란드의 정치적 중심지는 헬싱키가 아니라 핀란드 남서쪽의 오래된 도시 투르쿠Turku였다. 당시 핀란드는 스웨덴의 지배 아래에 있었기 때문에 헬싱키는 오랜 시간 동안 스웨덴어 표기인 헬싱포르스Helsingfors라는 이름으로 불렸다. 세월이 흘러 핀란드는 스웨덴에 이어 러시아의 지배를 받게 되었고, 러시아의 황제 알렉산드르 1세가 투르쿠에서 이곳 헬싱키로 수도를 옮길 것을 명했다. 그 시기가 1812년이라고 하니 헬싱키는 핀란드의 수도로서 200년 남짓의 역사를 가진 셈이다.

헬싱키 곳곳에는 지금도 러시아 지배의 흔적이 남아 있다. 그중 대표적인 것은 러시아의 건축가 알렉세이 고르노스타에프가 설계한 우스펜스키 성당Uspenskin Katedraali이다. 빨간 벽돌 위에 돔 양식의 지붕이 올라가 있는 모습이 모스크바에 있는 유명한 성 바실리 대성당과 닮았다. 우스펜스키 성당은 스칸디나비아반도에 건립된 동방 정교회 성당 중 가장 큰 규모로 알려져 있다.

우스펜스키 성당

하비스 아만다

항구 근처를 걷다가 아름다운 조각상 하나를 발견했다. 물개 네 마리에 둘러싸인 한 여인의 전신상이었다. 수줍은 미소를 띠고 있는 이 조각상의 이름은 하비스 아만다Havis Amanda이다. 아무것도 걸치지 않은 알몸이었지만 외설적이지 않고 포근하고 사랑스럽게 느껴졌다. 헬싱키는 이 아름다운 조각상으로 인해 '발트해의 아가씨'라는 별명을 가지게 되었다.

외형적으로 아름답기도 하지만, 하비스 아만다는 헬싱키의 정신적 구심점이기도 하다. 이 작품은 핀란드 출신 조각가 빌레 발그렌Ville Vallgren이 1908년 파리에서 만든 것인데, 이후 핀란드 독립을 기념하기 위해 지금의 위치로 옮겨졌다. '바다에서 떠오른 여인'이라는 이미지가 곧 민족의 독립을 의미하는 것이기 때문에 하비스 아만다는 그 자체로 핀란드의 부활을 상징한다.

헬싱키의 첫인상을 한 단어로 표현한다면 주저하지 않고 하비스 아만다라고 말할 것이다. 그녀의 부드러운 미소 때문이었을까. 두 뺨에 느껴지는 바닷바람이 무척 포근하게 느껴졌다. 앞으로 다가올 핀란드에서의 여정이 이처럼 다정할 것이라는 예감이 들었다.

*

잠들지 않는 도시

거리에 불어오는 바람을 따라 걸었다. 그러다 적당히 피곤해져 졸린 눈의 종업원이 있는 조용한 카페에 들어갔다. 도심 속을 미끄러지듯 지나가는 트램을 바라보며 따뜻한 커피 한잔을 마셨다.

여름이 되면 이곳의 태양은 아쉬움이 많아진다. 자정이 넘어도 완전한 어둠은 내리지 않고, 곧 희뿌연 모습으로 이른 아침이 밝아온다. 오늘과 내일의 경계가 무너지는 곳. 지치지 않는 영원한 태양이 이곳에 있다.

내게도 환한 낮만 존재하던 때가 있었다. 우리 사전에 이별이라는 단어가 없었던 시절. 그 순간을 우리의 백야라고 부를 수 있을까.

헬싱키에서 만난 백야는 결코 하얗지 않았다.
먹먹하고 진득한 블루였다.

절대 지워지지 않을 것 같은 이 푸른 그림자도 몇 시간 뒤 다시 떠오를 태양 아래 사라져 버리겠지. 오래전 네가 내 마음에 남겼지만 결국 사라져 버린 아릿한 멍 자국처럼.

헬싱키 대성당

*

비 오는 날의 미술관

옆 침대 인도 청년의 짐 싸는 소리에 잠에서 깼다. 여전히 눈을 감고 있었지만 커튼 틈으로 들리는 빗소리로 아침 날씨를 예상할 수 있었다.

밖으로 나오니 차가운 공기에 저절로 몸이 움츠러들었다. 영상 10도의 기온. 입김이 피어오를 정도는 아니었지만 도저히 8월이라고는 믿을 수 없는 추위였다. 여태껏 한국에서 입고 온 반팔 반바지 차림으로 버텨 왔지만, 이제는 정말 옷을 사러 가야 했다.

작은 깡통 같은 트램을 타고 헬싱키 중앙역으로 갔다. 거리를 오가며 눈여겨본 옷가게에 들러 엠사이즈의 회색 맨투맨을 골랐다. 옷을 갈아입은 후 거울을 보니 아버지 옷을 훔쳐 입은 어린애 같은 어설픈 동양인 한 명이 서 있었다. 북유럽 사람들이 키가 크다는 사실을 내 신체로 증명하는 과정은 다소 민망했다. 처음 고른 옷은 원래 자리에 가져다 놓고, 에스사이즈를 들고 얌전히 계산대로 향했다.

가게 밖으로 나와 보니 비가 점점 더 굵어지고 있었다. 커다란 처마 밑에서 방금 산 옷의 빳빳한 태그를 제거하며 낯선 도시가 젖어 드는 풍경을 바라보았다. 우산을 챙겨 오지 않은 것이 후회스러운 한편, 무엇인가로 채워지지 않는 이 느슨한 순간이 좋았다. 평소에는 쪼개서 썼던 시간을 그냥 흘러버리는 게 이렇게 즐겁다니. 이것이야말로 여행자만이 가지는 특권이 아닐까.

처마 밑에는 비를 피하는 사람이 늘어났고 곧 어깨가 닿을 정도로 채워졌다. 함께 비를 피하는 이들이 많아진 만큼 그들이 나누는 대화 소리도 더욱 선명해졌다. 멎을 줄 모르고 내리는 비는 다소 난감했지만, 덕분에 헬싱키 사람들의 일상이 내게 조금 더 가까워졌다.

비를 피하려고 미술관으로 스며들었던 것은 이날의 가장 칭찬할 만한 선택이었다. 축축했던 어깨는 역 광장 바로 맞은편에 있는 아테네움 미술관과 키아스마 미술관을 둘러보는 사이 뽀송뽀송해졌다.

오래된 왕궁을 보는 듯 고전적인 외모를 자랑하는 아테네움 미술

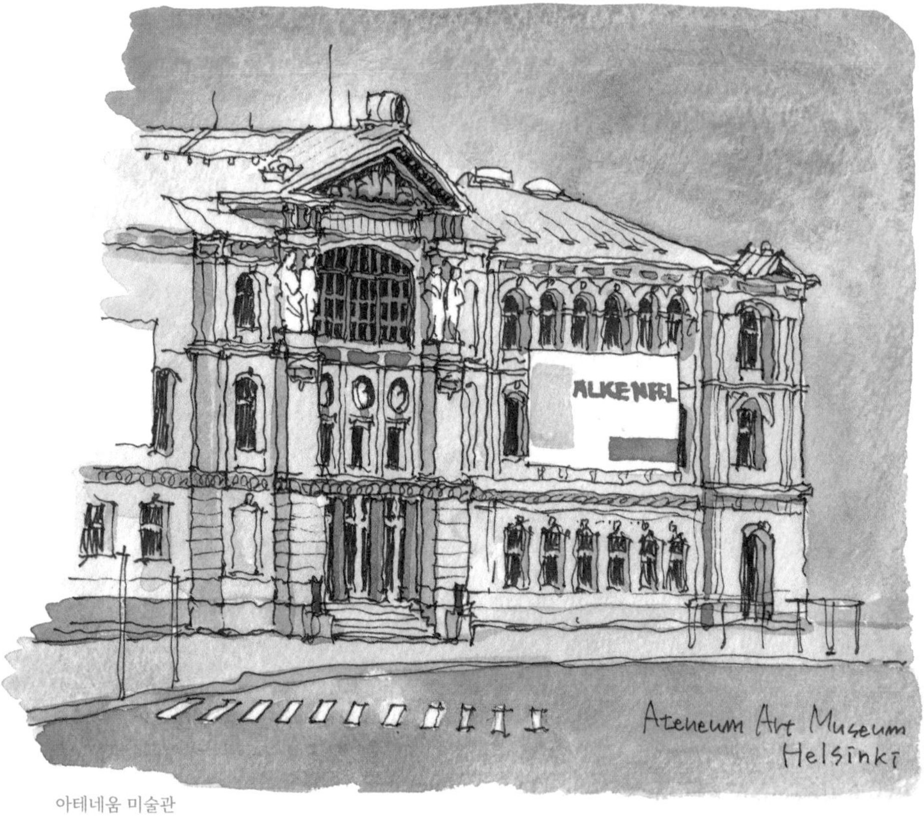

아테네움 미술관

관은 1887년에 개관한 핀란드 최대의 국립 미술관이다. 이곳에서는 18세기 중반의 구스타브 시대부터 1950년대의 근대주의 운동에 이르기까지 폭넓은 작품을 접할 수 있다.

미술관에는 다양한 작품이 있었고, 가장 먼저 반가운 빈센트 반 고흐의 작품을 발견했다. 핀란드의 예술가 중에서 민족적 색채가 강한 에로 예르네펠트Eero Järnefelt의 그림들이 특히 인상적이었다. 그의 작품 중 핀란드의 가을을 표현한 〈호수의 가을 풍경Autumn Landscape of Lake Pielisjärvi〉이라는 작품이 발걸음을 오래 붙들었다.

1960년대 이후 핀란드 예술가들의 작품은 키아스마 현대미술관이 관리하고 있다. 아테네움 미술관에서 멀지 않은 곳에 있어 바람막이에 의지해 10여 분 정도 빗속을 걸어 도착할 수 있었다. 1998년에 개관한 키아스마 현대미술관은 보유하고 있는 작품들도 훌륭하지만 미술관 그 자체도 핀란드의 모더니즘을 대표하는 현대 건축물로 높이 평가받고 있다.

미술관의 명칭인 '키아스마Kiasma'는 우리말로 '교차'를 의미하는데, 이것은 작품과 관객 사이의 소통을 중시하고자 하는 미술관의 지향점과 맞닿아 있다. 핀란드를 중심으로 북유럽과 발트해 연안 국가들의 현대미술 작품 약 9,000여 점을 소장하고 있다.

키아스마 현대미술관

미술관을 나오니 거짓말처럼 비가 그쳐 있었다. 촉촉한 땅이 햇살에 반짝였다. 북유럽의 차가운 여름비는 무척 낯설었지만, 이 도시에 따뜻한 온기를 나누어주는 미술관들이 있어 다행이었다.

*

사치에의 흔적 찾기

북유럽에 여러 나라가 있지만, 그중에서도 핀란드에 대한 호기심이 가장 먼저 생긴 이유는 순전히 〈카모메 식당〉이라는 한 편의 영화 때문이었다. 주된 내용은 헬싱키에서 식당을 운영하게 된 세 명의 일본인 여성과 핀란드 사람들 간의 에피소드이다. 일본에서 2006년에 개봉했으니 어느덧 10여 년 전의 작품이 되었지만, 영화 속 풍경을 상상하면 지금도 세 여자의 손으로 두런두런 빚어내는 오니기리의 온기와 알싸한 시나몬 향기가 느껴지는 듯하다.

아침부터 부슬비가 내리고 있었다. 부둣가에서 처량하게 비를 맞고 있는 갈매기를 보고 있으니 문득 영화 속의 따뜻함이 그리워졌다. 헬싱키에 남아 있는 카모메 식당의 흔적을 따라가 보고 싶다는 생각이 들었다.

영화 속 카모메 식당은 촬영 이후에 핀란드인에게 인수되었고, 그

후 '카빌라 수오미Kahvila Suomi'라는 이름으로 바뀌어 한동안 운영되었다. 현재는 일본인이 인수하여 다시 '카모메 식당Ravintola Kamome'이라는 이름으로 영업 중이다.

빗속을 걸어 마침내 갈매기 한 마리가 그려진 파란 간판을 발견했다. 가게 이름은 분명 카모메 식당이었지만, 내부는 리모델링 되어 영화 속과는 다른 분위기였다. 입구에서 잠시 머뭇거리긴 했지만 비에 젖는 것이 싫어 냉큼 식당 안에 들어섰다.

주위를 둘러보니 예상한 대로 대부분 동양인 손님들이 앉아 있었다. 주택가 사이에 위치한 작은 식당에 여행자들이 찾아오는 이유는 십중팔구 영화 때문이었다. 그러나 충격적이게도 메뉴판에는 영화 속에 등장했던 오니기리가 보이지 않았다. 현실의 카모메 식당은 생각했던 모습이 아니어서 당혹스러웠다.

마음을 겨우 진정시키며 런치세트로 대구 요리를 주문했다. 북유

카모메 식당

럽 음식은 건강식 스타일이라더니 과연 조미료 맛이 느껴지지 않았다. 맛은 그렇다 치더라도 코스메뉴임에도 양이 너무 적었다. 식사를 마쳤는데도 배고픈 경험은 정말 오랜만이었다. 빗속을 뚫고 찾아온 수고가 한순간에 무색해졌다.

맛과 분위기 모두 만족스럽지 않았지만 상상 속의 카모메 식당과 완전히 다른 모습이라 한편으로 다행이기도 했다. 실존하는 이 공간은 내 마음속 이미지에 어떠한 간섭도 할 수 없을 테니. 그렇게 스스로 위로하며 다시 거리로 나섰다. 방금 들른 곳은 분명 영화에 나온 곳이었지만, 어느새 다시 영화 속 카모메 식당을 그리워하고 있었다.

*

수오멘린나에서의 하루

핀란드 단어 중에 '카우파토리Kauppatori'라는 말이 있다. 영어로는 'Market Square', 우리말로 직역하면 시장·광장 정도의 의미다. 식료품과 옷, 기념품 등을 파는 핀란드의 전통 재래시장이라고 할 수 있다.

카우파토리 옆으로 수십 명의 사람이 모여 있었다. 작은 선착장에서 수오멘린나Suomenlinna행 페리를 기다리는 사람들이었다. 수오멘린나는 헬싱키 앞바다에 있는 작은 섬이다. 연안에서 가까워 섬까지는 배로 20여 분이 채 걸리지 않았다. 운항시간은 짧았지만, 배 안으로 들어오는 차가운 바닷바람에 어깨가 움츠러들었다.

페리는 비구름이 걷히지 않은 희뿌연 바다를 뚫고 마침내 수오멘린나의 스베아보리Sveaborg 항구에 도착했다. 알고 보니 스베아보리는 수오멘린나의 스웨덴식 표기였다. 항구의 이름에서 핀란드에 남아 있는 스웨덴의 문화를 짐작해 볼 수 있었다.

항구를 지나 마을에 들어서니 다행히도 비구름이 걷히기 시작했다. 영롱한 여름 햇살이 골목에 비치자 발걸음이 더욱 가벼워졌다. 더 들어서니 두터운 성벽이 나타났다. 걸음을 옮길 때마다 빛바랜 무너진 건물들이 하나둘씩 모습을 드러냈다. 과거 군사시설로 사용된 것들이었다.

수오멘린나는 헬싱키 남쪽 해역의 섬 6개를 연결하는 요새다. 이 요새는 핀란드인들을 위해 지어진 시설이 아니었다. 이곳이 군사적으로 중요한 거점이 된 시기는 핀란드가 스웨덴의 지배를 받고 있던 18세기 중엽이었다. 당시 스웨덴은 발트해의 패권을 두고 강대국으로 급부상한 러시아와 신경전을 벌이고 있었는데, 러시아의 공격으로부터 헬싱키를 보호하기 위해 섬을 연결하여 이곳에 최초로 해상 요새를 건설했다. 하지만 1808년에 요새가 함락되고 말았고, 수오멘린나는 핀란드가 완전히 독립할 때까지 약 100년 동안 러시아의 군사기지로 사용되는 아픔을 겪었다.

시민들의 품으로 돌아온 수오멘린나는 헬싱키에서 가장 인기 있는 명소 중 하나가 되었다. 뼈아픈 역사가 깃든 공간이지만, 핀란드인

카우파토리

수오멘린나로 가는 페리

수오멘린나

들의 노력 덕분에 요새의 원형을 잘 보존할 수 있었기 때문이다. 헬싱키 시민의 다정한 손길 덕분에 수오멘린나는 그 후 역사적 가치를 인정받아 1991년에 이르러 유네스코 세계유산에 등재되었다. 과거의 아픔을 정면으로 바라보며 기억하는 모습에 가슴이 뜨거워졌다.

우직하게 자리를 지키고 있는 포대 위에 어느새 나른한 오후의 빛이 매달리고 있었다. 아직은 밝아서 늦은 오후의 풍경 같았지만, 시곗바늘은 벌써 밤 10시를 가리키고 있었다. 헬싱키 시내로 돌아가기 위해 서둘러 페리에 탑승했다.

저 멀리 처음에 떠나왔던 헬싱키의 구시가지가 보이기 시작했다. 비구름이 사라진 청명한 하늘 아래로 핑크빛 석양이 비스듬히 쏟아지고 있었다. 바닷바람이 몹시 차가웠지만, 갑판 위에서 헬싱키 도심의 뽀얀 풍경이 석양에 물드는 모습을 하염없이 바라보았다. 황홀한 그 풍경은 마치 어린 소녀의 두 뺨에 발그레 피어난 홍조 같았다.

핀란드 사람들이 이해가 됐다. 긴 투쟁의 역사 속에서 그들이 그토록 지키고자 했던 것이 무엇이었는지. 그 물음에 대한 대답이 바로 눈앞에 펼쳐져 있었다.

*

디자인 헬싱키

어느덧 헬싱키에서 맞는 네 번째 아침. 일교차가 큰 기후는 여전히 적응이 어려웠다. 아침저녁마다 훌쩍이는 콧물 덕분에 시원한 여름이라는 호사는 점점 무덤덤해졌다. 따뜻한 침대 속을 벗어나기 싫었지만, 창밖을 바라보니 도저히 방 안에서 꾸물대면 안 될 것 같았다. 비구름이 물러가 맑게 갠 헬싱키의 하늘이 게으른 여행자를 재촉하고 있었다.

날씨의 변화만큼 일상 속 분위기에 큰 영향을 미치는 것이 있다. 현대인의 바쁜 순간 속에서 조용하지만 강력한 힘을 발휘하는 것. 그것은 바로 우리 주위를 여러 가지 형태로 둘러싸고 있는 디자인이다. 건축물, 공산품부터 글자와 그림 같은 이미지의 영역에 이르기까지 우리는 디자이너의 의도로 재단된 다양한 형태의 디자인을 거의 매 순간 접하며 살아가고 있다.

늦은 독립으로 인해 나라의 역사는 길지 않지만, 북유럽 디자인에서 핀란드가 가지는 영향력은 대단하다. 특히 마리메꼬Marimekko, 이딸라Iittala, 아르텍Artek 등 우리에게 친숙한 북유럽 브랜드는 상당수 핀란드에서 태동하였다.

우니꼬 패턴

헬싱키 중앙역 인근에서도 핀란드를 대표하는 텍스타일 브랜드 마리메꼬의 매장을 쉽게 발견했다. 마리메꼬 하면 가장 먼저 과감하고 감각적인 패턴 우니꼬Unikko가 떠오른다. 이 패턴은 마리메꼬의 초창기 멤버였던 마이자 이솔라Maija Isola가 고안한 것인데, 이제는 브랜드의 상징이 되었다. 차분한 핀란드 거리 속에서 만난 상큼발랄한 패턴은 거리 속에 홀로 피어난 꽃과 같았다.

북유럽은 춥고 긴 겨울을 견뎌내야 하는 곳이다. 이곳 사람들은 혹독한 추위로 인해 야외활동에 많은 제약을 받았고, 집 안에서 오랜 시간을 보내야만 했다. 따뜻한 봄을 기다리는 동안 가족과 친구를 만나는 장소는 자연스럽게 실내 공간이 될 수밖에 없었다. 이와 같은 이유로 외형적인 아름다움보다는 안락함을 우선으로 한 실용성이 더욱 강조되었다.

Academic Bookshop, Helsinki

아카데미아 서점

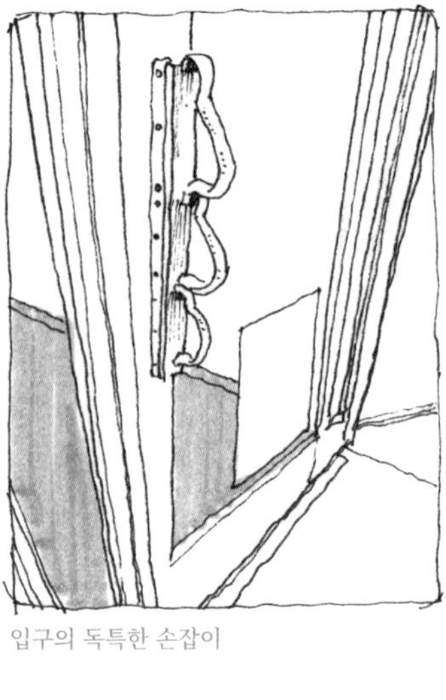

입구의 독특한 손잡이

핀란드의 디자인을 이야기하면 빼놓을 수 없는 사람이 있다. 핀란드 지폐에 등장할 정도로 저명한 알바 알토Alvar Aalto다. 핀란드에서 태어난 알토는 헬싱키 공대에서 건축학을 전공했고, 50여 년 동안 핀란드를 대표하는 수많은 건축물을 남겼다.

헬싱키에서는 알바 알토의 흔적을 곳곳에서 찾아볼 수 있다. 핀란드에서 가장 규모가 큰 서점인 아카데미아 서점 역시 그가 설계한 작품 중 하나인데, 밖에서 보면 평범하기 그지없는 직육면체 모양을 하고 있다. 그러나 건물에 들어서자 의외의 풍경이 눈앞에 펼쳐진다. 지상 3층 규모의 공간 한가운데에 중정이 있고, 커다란 삼각형의 천창으로 자연광이 가득 쏟아져 들어온다. 따뜻하고 평온한 공간 속에서 책을 뒤적이고 있는 사람들의 표정도 여유로워 보였다.

서점의 2층에는 카페 알토가 입점해 있었다. 이곳은 영화 〈카모메 식당〉의 등장인물인 사치에와 미도리가 극 중 처음으로 만난 장소다. 쉬어갈 겸 시나몬롤과 커피 한 잔을 시켰다. 한 입 베어 문 시나몬롤에서 알싸한 향이 퍼져 나왔다.

알바 알토는 우리에게 건축가보다는 뛰어난 산업 디자이너로 잘 알려져 있다. 핀란드에 세워져 있는 건물보다는 전 세계로 팔려나간 다양한 제품으로 이름을 알렸기 때문이다. 알바 알토뿐만 아니라 그의 아내 아이노 알토Aino Aalto 역시 뛰어난 디자이너였으며,

이 두 사람은 핀란드를 대표하는 가구업체인 아르텍의 창립 멤버이자 아르텍의 아트 디렉터로도 활동했다.

알바 알토가 만든 가장 유명한 제품은 '스툴 60'이라는 의자다. 당시 핀란드에서는 의자 대부분을 철을 이용하여 제작했는데, 알바 알토는 핀란드에서 손쉽게 구할 수 있는 목재를 사용하였다. 스툴 60의 가장 큰 외형적 특징은 합판을 휘어서 L자로 만든 세 개의 다리다. 알바 알토의 단순하면서도 세련된 스툴은 세계적으로 큰 호응을 얻으며 핀란드 가구 산업을 이끌었다.

알바 알토는 저명한 건축가인 동시에 재기발랄한 디자이너였다. 그가 애정을 담아 직접 꾸몄을 사적 공간이 궁금해졌다. 트램을 갈아타며 알토 부부가 살았던 집인 알토 하우스를 찾아갔다.

조용한 주택가 사이로 알토 하우스의 모습이 보이기 시작했다. 하얀 벽과 목재로 깔끔하게 마감되어 1936년에 지어진 건물이라고는 믿을 수 없을 만큼 모던한 모습이었다. 이곳은 정해진 시간에 가이드 투어로만 둘러볼 수 있는데, 어린 두 딸과 함께 여행 중인 미국인 부부와 참여했다. 파란 눈이 인상적인 여성 가이드가 30분 남짓 되는 시간 동안 내부 공간과 그에 얽힌 소소한 이야기들을 들려주었다. 알바 알토는 이 건물을 직접 설계했을 뿐만 아니라 가구를 비롯한 실내 소품들 역시 아내와 함께 만들었다. 공간의 외형과 내부까지

알바 알토가 설계한 핀란디아 홀

알바 알토 흉상

카페 알토

스툴 60

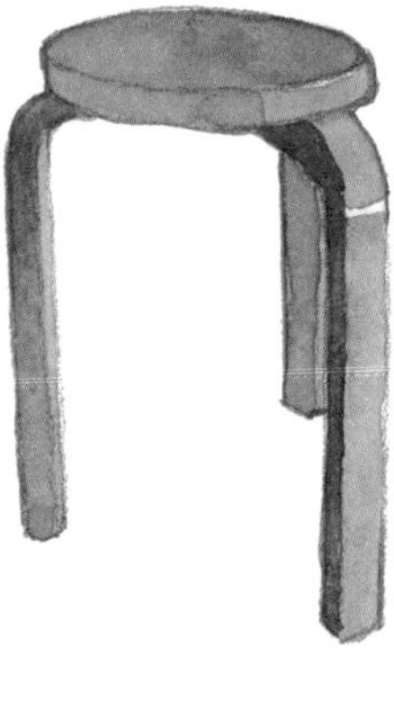

알토 하우스

알토 하우스 거실

그들의 손을 거치지 않은 곳이 없을 정도였다. 일본의 영향을 받은 듯 대나무 발을 이용한 실내 장식이 눈에 띄었고, 숨겨진 선반 등 작은 공간을 활용한 아이디어가 돋보이는 곳이 많았다. 거실 테이블에는 알바 알토의 꽃병이, 주방에는 아이노 알토가 디자인한 유리잔이 진열되어 있었다.
여러 공간 중 가장 마음에 들었던 것은 1층에 있던 거실과 알바 알토의 작업 공간이었다. 거실의 커다란 창으로 담뿍 쏟아져 들어온 햇빛이 밝은 톤의 목재와 만나 산뜻하고 포근한 느낌을 연출했다.

알토 하우스에는 불필요한 거품이 없었다. 오로지 사랑하는 가족을 향한 건축가의 따뜻한 시선만 가득했다. 압도적인 화려함은 없었지만, 오래 머물게 하는 힘이 있었다. 언젠가 내 공간을 제대로 꾸밀 때, 이 공간을 떠올려 보리라.

✳

바위 위에 새겨진 교회

헬싱키를 떠나기 전에 마지막으로 꼭 둘러보고 싶었던 그곳. '암석 교회'라는 별칭을 가지고 있는 템펠리아우키오 교회Temppeliaukio Church로 향했다.
교회에 처음 도착했을 때 다른 곳에서는 흔히 찾아볼 수 있는 뾰족한 첨탑이 보이지 않아 의아했다. 대신 낮고 둥근 지붕을 바위가 받치고 있었다. 바위 입구로 들어가니, 마치 동굴 속으로 들어가는 듯했다. 교회 입구에서 내부 공간으로 이어지는 통로에도 높은 계단이 존재하지 않았다. 권위가 사라진 풍경에서 묘한 따뜻함을 느꼈다.

현재의 교회 건물은 전쟁 이후 1969년에 설계된 것이다. 젊은 건축가 티모Timo, 투오모 수오마라이넨Tuomo Suomalainen 형제가 그 주역이었다. 두 형제의 고향은 발트해의 북동부에 위치한 수르사리섬인데, 지금은 러시아령 고글란트섬으로 불리고 있다. 남북으로 11킬로미터, 동서로 1~3킬로미터의 길쭉한 형태이며 섬 대부분이 화강암 산악지형으로 이루어진 척박한 곳이다.

핀란드의 수도 헬싱키 역시 그들의 고향과 마찬가지로 붉은 화강암 지대가 많다. 템펠리아우키오 교회가 지어질 장소 역시 화강암으로 만들어진 작은 언덕 위였다. 수오마라이넨 형제는 그들의 고향과 닮은 이 암석 언덕을 최대한 해치지 않으려고 노력했다. 교회를 방문할 사람들에게 최대한 자연에 가까이 있다는 느낌을 전달

템펠리아우키오 교회 입구

하려고 했기 때문에, 템펠리아우키오 교회는 암반 위에 놓이듯 설계되었다.

내부 공간은 2층의 구조로 되어 있었다. 층계를 통해 2층으로 올라가니, 낮고 둥근 교회의 천장이 더욱 자세히 보였다. 천장에는 동심원을 그리듯 구리줄이 빽빽하게 덮여 있으며 전체의 길이가 무려 22킬로미터에 달한다. 지붕 부분을 제외하면 교회의 내벽은 원래 이곳에 있던 바위들로 이루어져 있다. 자연 암반이 그대로 노출되어 있었는데, 헬싱키를 온통 뒤덮고 있는 화강암의 강하고 지속적인 성질은 핀란드 사람들의 영원한 믿음을 상징한다. 이 굳건한 바위로 인해 교회는 외부의 번잡함과 완벽히 차단되어 경건하고 고요한 내부 공간을 유지할 수 있다. 단, 시끄럽게 떠드는 관광객만은 어쩔 도리가 없어 보였다.

자연 암반 사이에 낮게 지어진 교회이기에 수오마라이넨 형제는 채광에 무척 신경을 썼다. 내부 공간을 둘러싸고 있는 180개의 콘크리트 들보가 지붕과 암반 사이를 연결하고 있었고, 놀랍게도 이 들보 사이를 모두 창으로 만들어 놓았다. 360도로 펼쳐진 창문으로 아침부터 저녁까지 자연광이 들어오도록 설계했다.

헬싱키에서의 마지막 방문지였기 때문에 적당한 위치에 자리를 잡고 앉아 이 공간을 차분히 그리기로 했다. 펜이 미끄러지는 사각거리는 소리와 함께 종이 위에 교회의 디테일을 천천히 옮겼다. 느리고 침착한 시선으로 바라보자 헬싱키 사람들이 아끼는 이 공간이 더욱 경건하고 사랑스럽게 느껴지기 시작했다.

첫 도시와의 작별

수반토에서의 아침 식사

다시 무거운 배낭을 짊어져야 하는 아침.
하나의 도시와 이별해야 할 때가 되었다.

낯선 풍경을 기록하느라 새로운 도시의 품속에서 틀림없이 바빠지겠지. 너의 포근함을 잠시 잊어버릴지도 몰라. 하지만 조식을 제대로 챙겨 먹지 못해 배고픈 아침에는 작은 카페에서 졸린 눈 비비며 먹던 따뜻한 감자스프를 그리워하겠지. 가벼운 눈인사로 반겨 주던 여주인의 상냥함도 떠오를 게 틀림없어.

누군가로부터 우연히 너의 이름을 듣게 된다면 부끄러움이 많은 만큼 투박하게 상냥했던 사람들이 생각날 것 같아. 빗물 고인 도로를 질주하던 자전거 탄 사람들의 경쾌한 발놀림 역시.

호숫가의 작은 카페에서 먹었던 블루베리 파이의 진득한 맛을 어떻게 잊을 수 있겠어. 부스러기를 먹기 위해 손닿을 듯 가까운 곳에서 나를 바라보던 참새의 눈빛도 떠오르겠지.

지금의 이별이 영원한 이별이 아니기를.
헤어짐 속에서도 차분한 너를 바라보며.
안녕, 헬싱키.

FREE WHEELY

카페 레가타

*

VR을 타고 탐페레로

기차는 헬싱키 중앙역에서 예정된 시간보다 10분 늦게 출발했다. 연착임에도 평온한 표정의 사람들을 싣고, 핀란드 국철인 VR의 초록색 동체가 플랫폼을 빠져나가기 시작했다. 분주한 도심과 멀어질수록 여태껏 보지 못했던 평화로운 숲과 너른 목초지가 창밖에 펼쳐지기 시작했다. 선로는 북서쪽으로 시원하게 뻗어 있었다. 탐페레Tampere로 향하는 길이었다.

핀란드 사람들은 자신의 나라를 '수오미Suomi'라고 부른다. 핀란드어로 'Suo'는 호수를 의미하여 수오미는 그 자체로 '호수의 나라'를 뜻한다. 숲과 호수가 아름답기로 유명한 핀란드이기에 내륙의 풍경을 한 번쯤은 만나보고 싶었다. 오로라를 볼 수 있는 계절이 아니어서 굳이 핀란드 북부 여행을 고집할 필요는 없었으므로, 지도를 펼쳐 놓고 헬싱키에서 멀지 않은 남쪽의 도시들을 더듬어 보았다. 시선은 자연스럽게 탐페레에 멈췄다.

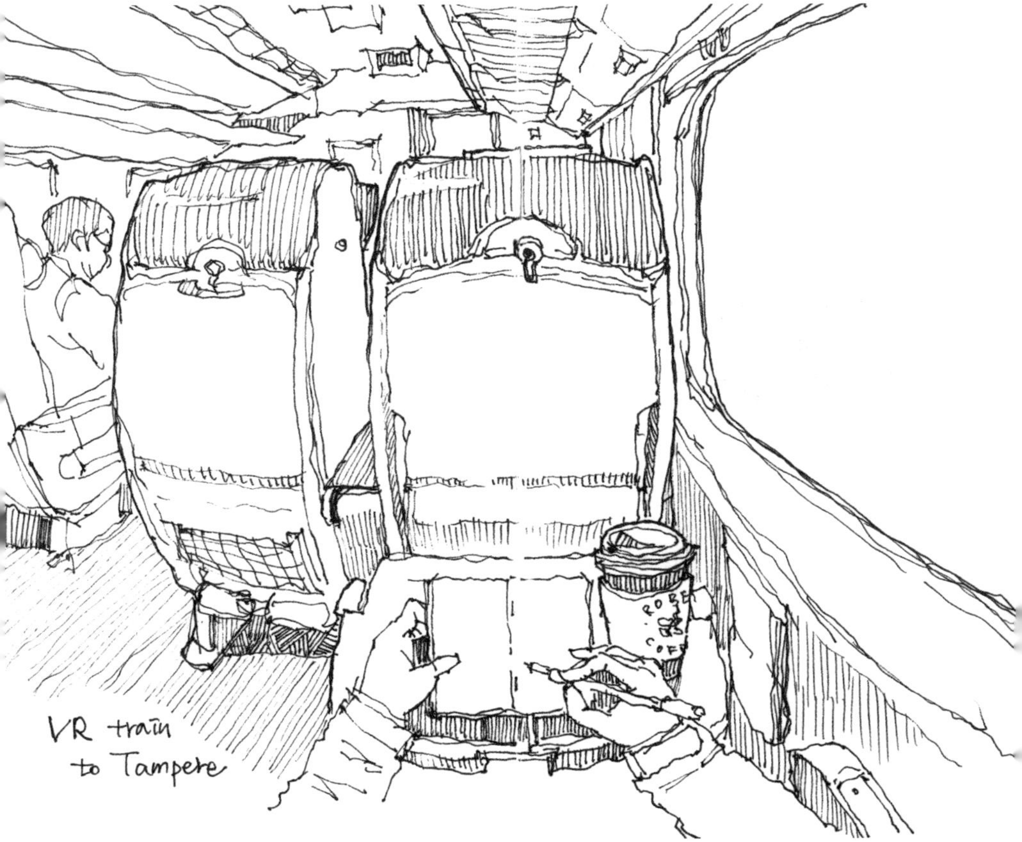
VR train
to Tampere

탐페레는 헬싱키로부터 약 187킬로미터 떨어져 있다. 탐페레역에 도착했다는 차내 방송은 헬싱키를 떠나온 지 두 시간만에 들려왔다. 이동하는 도중에 차창에 빗방울이 부딪히곤 했는데, 다행히 비구름이 도시까지 따라오지 못한 모양이었다. 탐페레의 하늘은 무척 맑아 멍든 듯 푸르렀고, 햇살은 따사로웠다.

레스토랑 보르네오

역 앞 광장으로 나오니, 키 낮은 탐페레의 건물들이 반겼다. 아침을 부실하게 먹었더니 배가 고팠다. 그동안 지겹게 먹은 샌드위치 말고 따뜻한 국물을 먹고 싶어 둘러보니 다행히 역 근처에 말레이시아 음식점이 있었다.

다섯 평 남짓 되는 매장에 들어서자마자 매콤한 향신료가 코끝을 찔렀다. 손님들 대부분은 같은 종류의 면 요리를 먹고 있었는데, 자극적인 냄새의 진원지가 그것인 듯했다. 묘하게 끌리는 그 냄새 때문에 나 역시 그들의 선택을 따르게 되었다. 얼마나 배가 고팠던 것인지 주문한 음식이 나오자 나

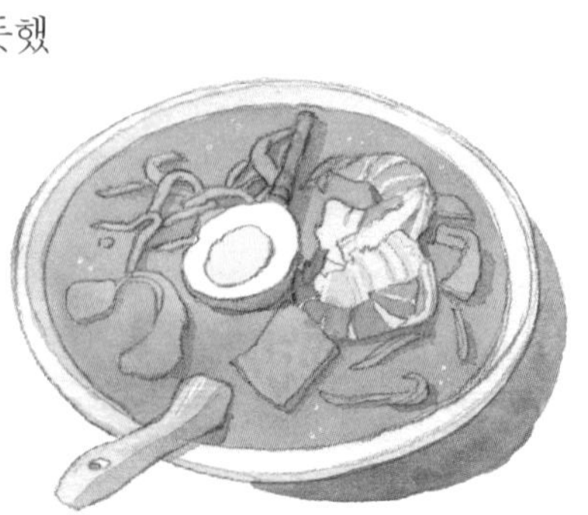

도 모르게 손뼉을 치고 말았다.

그런 내 모습에 서빙을 하던 여자 종업원이 까르르 웃더니 이것저것 질문하기 시작했다. 20대 중반쯤 되었을까? 까만 곱슬머리에 그을린 피부가 매력적인 말레이시아 여성이었다. 현지에 사는 아시아인과 이야기하는 것이 처음이어서 반가운 마음에 이런저런 대화를 나누게 되었다. 그 와중에 그녀가 갑작스러운 제안을 해왔다.

"Are you going to dance with me tonight?"

식당 근처에 유명한 클럽이 있다며 오늘 밤에 혼자 갈 생각인데, 동행하겠느냐는 말이었다. 난감한 순간이었다.

"No, thank you."

기분 나빠하는 그녀의 표정에 아차 싶었다. 탐페레에서 보낼 수 있는 시간이 그리 길지 않은 것이 마음에 걸려 거절한 것인데, 영어 실력이 짧은 탓에 말투가 너무 단호했나 보다. 후회가 밀려왔다. 좀 더 부드럽고 친절한 거절을 하기 위해서라도 영어 공부를 더 해야겠다는 생각이 들었다.

탐페레에서 묵을 숙소는 작은 규모의 호텔이었는데, 로비에 들어가니 이번엔 인도 아저씨 한 분이 나를 맞이했다. 춤추러 가자는 말레이시아 종업원에 이어 성수기에 어렵게 찾은 숙소의 사장님은 인도인이라니. 순간 이곳이 핀란드가 아니라 아시아인가 싶었다.

체크인에 문제가 생겨 한동안 기다린 후에 방을 배정받았다. 무거운 배낭을 방 한쪽에 던져 놓고, 드로잉 도구가 들어 있는 작은 가방을 챙겨 들었다. 어깨가 가뿐해지자 기분이 좋아졌다. 다시 새로운 도시의 풍경 속으로 뛰어들 준비가 되었다.

망고 호텔

*

호수의 도시, 산업의 도시

투오미오키르코

여행 중에 깨닫게 된 사실이 하나 있다. 북유럽의 큰 도시들은 주로 바다를 통한 무역으로 성장했기 때문에 대부분 연안에 있다는 것이다. 우리에게 비교적 친숙한 헬싱키, 스톡홀름, 오슬로 등의 도시도 모두 바다와 접해 있다.

내륙에 있는 탐페레는 2019년 기준으로 인구가 약 34만 명으로 집계되었다. 우리의 상식으로는 대도시라 부르기 어려운 인구수이지만, 그럼에도 탐페레는 북유럽 최대의 내륙 도시로 알려져 있다. 북유럽 국가들의 낮은 인구밀도를 새삼 깨닫게 되는 대목이다.

숙소에서 버스를 타고 10여 분 정도 달려 탐페레 중심가에 도착했다. 고풍스러운 건물들 사이로 카페와 음식점들이 들어서 있는 점은 여느 도시와 비슷했지만, 고즈넉한 도심 풍경 속에 커다란 공장 건물들이 무뚝뚝하게 섞여 있는 것이 흥미로웠다. 탐페레가 북유럽의 다른 지역과 달리 내륙에서 번성할 수 있었던 이유는 일찍이 공업이 발전했기 때문이다. 이 도시는

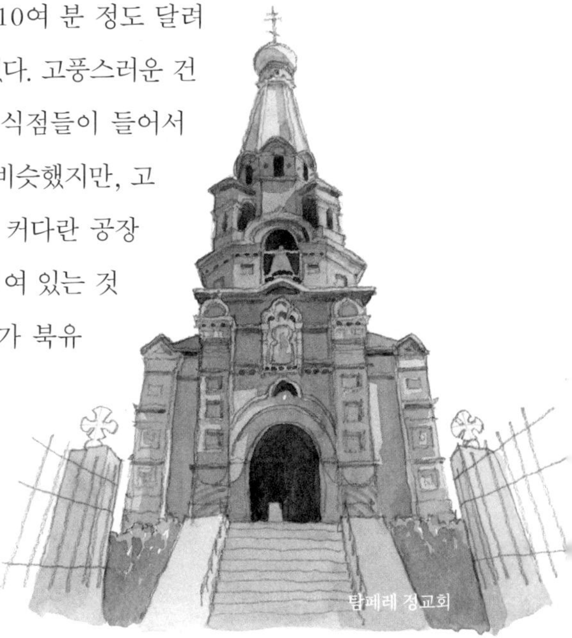
탐페레 정교회

1819년에 핀란드 최초로 산업혁명이 일어난 곳이며, 이로 인해 탐페레는 북쪽의 영국 맨체스터라는 별명이 생겼다.

도심에서 유난히 눈길을 끌었던 것은 중심가 사이를 흐르고 있는 타메르코스키강이었다. 서울의 한강과 비교하면 강폭이 무척 좁아서 강이라기보다는 작은 개천처럼 느껴졌다. 하지만 강의 규모에 비해 물살이 무척 빨랐고, 깨끗한 수질에도 불구하고 강물의 빛깔이 유난히 검게 보이는 것이 신기했다.

타메르코스키강

탐페레는 두 개의 호수 사이에 건설된 도시다. 도심 북쪽은 네시호, 남쪽은 퓌헤호라는 이름을 가지고 있다. 타메르코스키강은 이 두 호수 사이를 흐른다. 도시의 면적보다 훨씬 거대한 호수들이 좁은 강 하나로 연결되어 있는 셈이다.

두 호수 간의 낙차가 18미터나 되기 때문에, 수위 차이를 이용한 수력 발전이 탐페레 지역 산업의 원동력이 되었다. 핀란드의 대표적인 기업인 노키아 역시 이 타메르코스키 유역에서 맨 처음 나무

펄프 공장으로 출발했다. 탐페레에서 산업의 불씨가 타오를 수 있었던 데에는 이처럼 지형적인 유리함이 큰 역할을 했다.

지금도 수력 발전으로 전기를 얻기 때문에 탐페레는 매우 깨끗한 환경을 유지하고 있다. 도심 안에는 강변을 따라 아름다운 길들이 놓여 있어서 타메르코스키의 급류가 흐르는 소리를 들으며 여유로운 산책을 즐길 수 있었다.

한편 구도심의 풍경 속에서 지금은 가동되지 않는 공장의 적막한 모습들을 심심찮게 목격할 수 있었다. 공장이었던 건물이 음식점과 쇼핑몰 등 상업지구로 바뀐 것도 눈에 띄었다. 핀란드는 약 8퍼센트에 육박하는 높은 실업률로 어려움을 겪고 있다. 그들의 일상은 평온해 보이지만, 노키아의 몰락으로 대변되는 핀란드 경제 위기는 쉽게 극복이 되지 않는 실정이다.

인포메이션에서 찾은 지도를 보니, 노동자들로 넘쳐났던 탐페레의 전성기 때 모습을 더듬어 볼 수 있는 곳이 있었다. 마트에서 사 온 샌드위치로 간단히 점심 식사를 마치고 바쁜 걸음을 옮겨 도착한 곳은 아무린 노동자 박물관이었다.

아무린 박물관은 탐페레의 노동자들이 살았던 공동주택들을 고스란히 보존한 곳이었다. 19~20세기 초반에 목조로 지은 32개의 아

아무린 노동자 박물관

낡은 침대와 요람

파트와 빵집, 상점, 카페 등이 옛 모습 그대로 남겨져 있었다. 공동 주택 한 곳에 들어가 보았다. 삐걱거리는 부엌을 지나 방 안으로 들어가니, 오래된 재봉틀과 남루한 가구들이 보였다. 고단했던 그들의 삶이 오래된 물건들 끝에 알알이 매달려 있는 듯했다.
핀란드는 사우나의 나라로 유명한데, 아무린의 여러 시설 중에서도 주민들이 이용했던 공용 사우나가 몹시 인상적이었다. 커다란 화로가 놓여 있는 비교적 넓은 구조로 여덟 가구가 하나의 사우나를 공유해 사용했다.

박물관 안에는 여러 직원이 근무하고 있었다. 그들은 19세기 주민들의 복장을 갖춰 입고, 이곳에서 당시 노동자들의 일상을 연출하고 있었다. 마치 과거에 와 있는 것 같은 풍경에 호기심을 느껴, 그들 중 빨랫줄에 수건을 널고 있던 푸른 눈의 여성과 가벼운 인사를 나누었다. 그녀는 유창한 영어로 아무린과 탐페레의 역사를 친절히 설명해 주었다.

큰 기대 없이 찾아왔지만, 아무린은 의외로 선명한 기억이 남는 박물관이었다. 여행 후 탐페레를 떠올리면 두 평 남짓 되는 작은 방에 놓여 있던 낡은 요람이 떠오를 것 같다. 좁고 허름한 거처였지만, 누군가에게는 가족의 행복을 가꾸어 가는 안락한 보금자리였으리라. 이곳에서 탐페레의 솔직한 과거와 시민의 성실함을 만날 수 있었다.

*

전망대에서 얻은 작은 위로

평소라면 절대 일어날 수 없는 시각인 새벽 여섯 시. 덜 깬 눈을 비비며 손을 뻗었다. 찰랑거리는 하얀 커튼을 걷어 내자 푸른 아침이 침대 위로 쏟아져 들어왔다. 이곳에서 나는 아무리 일찍 일어나려고 애써도 항상 게으른 사람이었다. 북구의 아침은 언제나 한발 먼저 찾아와 나를 기다리고 있었다.

오늘 하루는 왠지 느슨하게 보내고 싶었다. 숙소를 나설 채비를 하며 단순한 목표 하나를 세웠다. 탐페레의 호수를 바라보는 것. 오늘의 여정에 그 이상의 목표는 부여하지 않기로 마음먹었다.

시내버스를 타고 도심의 북쪽으로 이동했다. 탐페레를 둘러싼 거대한 두 호수 중 하나인 네시호가 그곳에 있었다. 아침부터 맑았던 하늘이 조금씩 어두워지기 시작했다. '설마 비가 오겠어?'라고 생각한 순간, 후드득 빗방울이 쏟아지기 시작했다.

몸이 젖는 것은 괜찮지만 가방 속의 스케치북이 젖는 것이 걱정되었다. 가까이에 있던 건물의 처마 밑에 들어가 잠시 비를 피했다.

어디선가 까르르 하고 웃는 소리가 들려왔다. 길 건너편에 한 무리의 여자아이들이 비를 피해 어디론가 달려가고 있었다. 그들이 달려간 방향을 따라 시선을 옮겨 보니 도로 너머로 놀이공원 하나가 보였다. 세르켄니에미Särkänniemi라는 곳이었다.

놀이기구를 타고 싶은 마음은 없었지만 그쪽으로 자꾸만 눈길이 갔다. 자작나무 가로수 너머로 우뚝 솟아 있는 타워 하나가 계속 눈에 밟혔기 때문이다.

다시 한번 말하지만 오늘의 유일한 목표는 호수를 보는 것. 그곳에 오르면 네시호의 전경을 한눈에 조망할 수 있을 것 같았다.

타워의 이름은 네시네울라 전망대Näsinneula Observation Tower였다. 다행히도 놀이기구를 제외하고 타워만 이용할 수 있는 비교적 저렴한 티켓이 있었다. 매표소 안에 있는 앳된 얼굴의 청년에게서 한 장의 티켓을 구매했다.

여름날의 여우비에 불과했던 것인지, 거짓말처럼 비가 그쳤다. 상층부로 향하는 엘리베이터 안에서 몸에 묻은 빗물을 닦아냈다. 머리와 외투는 이미 축축해져 버렸지만, 탐페레 북쪽의 호수를 한눈에 볼 수 있으리라는 생각에 가슴이 뛰었다. 짧은 안내방송과 함께 엘리베이터 문이 열렸다. 전망대 내부로 한 발짝 걸어 들어가자 네시호의 파노라마가 커다란 유리창 너머로 가득 펼쳐졌다.

'고요함'이라는 단어 그 자체를 보는 듯했다. 작은 산 하나 없이 평탄한 지평선이 눈앞에 펼쳐져 있었다. 그 너른 대지는 푸르른 호수와 거대한 숲으로 채워져 있었다. 한 번도 경험해 보지 못한 낯선 자연이 거기에 있었다.
사람의 흔적이 거의 느껴지지 않는 풍경은 고독하면서도 아름다웠다. 풍경이 전해 오는 담담한 표정이 조금 외롭지만 슬프지 않은 내 여행과 닮았다는 생각을 했다. 숲과 호수가 만든 아득한 패턴 속에서 한동안 시선을 거둘 수가 없었다.

8월의 햇살이 마지막 남은 비구름마저 몰아내자, 거짓말처럼 탐페레의 도심 위로 작은 무지개가 떠올랐다. 계절이 전해 주는 작은 위로가 고마웠다. 다시 힘차게 걸어갈 힘이 생겼다.

*

잘카사리의 백야

여행을 하면 하루의 목표는 단순해진다. 현지인에게 말 한마디를 거는 사소한 일에도 많은 에너지를 쏟게 되고, 끼니를 때우기 위한 식사가 아닌 이곳의 낯선 음식을 먹는 것 그 자체가 하루의 목적이 되기도 한다. 숨 가쁘게 다가오는 순간들에 집중하다 보면, 보이지 않는 먼 미래에 대한 염려는 잠시 설득력을 잃는다.
지금의 여정이 모두 끝나기 전까지는 너무 멀리 있는 시간에 대해 고민하지 않기로 했다. 실체가 없는 불안으로부터 자유로워지자 발걸음이 가볍게 느껴졌다. 여행은 어쩌면 현재에 집중하는 법을 다시 배우기 위해 떠나는 것이 아닐까.

북쪽의 호수를 보았으니 이제 나머지 하나를 만날 차례였다. 퓌헤호를 보려면 도심을 통과해 남쪽으로 가야 했는데, 목적지까지의 거리가 생각보다 그리 멀지 않아 그냥 걸어가기로 했다. 탐페레가 작은 도시인 것이 다행이었다.
도심을 통과한 지 얼마 되지 않아 언덕이라고 불러도 될 만큼 작은 산 하나가 나타났다. 지도를 통해 이곳의 이름이 퓌니키 공원이라는 것을 알게 되었다. 둘러 가기 싫었기 때문에 숲길을 통해 산을 넘어가기로 마음먹었다.

깊고 고요한 숲이었다. 무덥지 않은 핀란드의 여름이지만, 어디선가 불어온 바람이 이마에 살짝 맺힌 땀마저 씻어가 버렸다. 가만히 앞으로 손을 내밀어 보았다. 곧게 자라난 키 큰 소나무 사이로 선명한 여름의 햇살이 떨어져 손바닥 위에 작은 조각들을 만들었다. 나는 숲속에서 가장 낯선 존재였다. 나무들은 바삐게 걸어가는 작은 이방인을 차분히 바라봐 주었다. 오래된 숲을 걷는다는 것은 어쩌면 숲을 지켜온 이들의 긴 시간 속을 걷는 것이 아닐까. 그 품속에서 설명하기 힘든 편안함을 느꼈다. 오로지 이 아늑한 숲을 만나기 위해 탐페레를 다시 찾아와도 좋을 것 같다는 생각이 들었다.

키 낮은 산이지만 정상에 가까워질수록 숨이 가빠왔다. 산의 가장 높은 곳에 도착하자 작은 타워 하나가 여행자를 맞이했다. 붉은색 벽돌로 단단하게 쌓인 외모가 북쪽의 네시네울라 전망대보다 훨씬 고집스러워 보였다. 이 고전적인 타워의 이름은 퓌니키 전망대Pyynikin Observation Tower였다.

타워의 1층 공간은 간식거리를 파는 작은 카페로 꾸며져 있었다. 간단한 식음료뿐만 아니라 전망대를 오르는 티켓도 판매했다. 작은 테이블들이 놓여 있었고, 손님들은 그곳에서 여유롭게 도넛과 커피를 즐기는 중이었다. 그중 유난히 볼이 발그스레한 중년의 남성 한 명과 눈이 마주쳤는데, 그는 내게 이곳이 '핀란드 최고의 도넛'을 파는 곳이라며 너스레를 떨었다. 이런 종류의 말을 평소엔 거의 믿지 않는 편이지만 정신을 차리고 보니 어느새 도넛 하나를 들고 있었다.

'핀란드 최고의 도넛'의 맛은 꽤 괜찮았다. 지나치게 쫄깃하지도 퍽퍽하지도 않은 식감이었고, 달지 않고 은은히 퍼지는 계피향이 마음에 들었다. 그래도 화려한 별명에 비해 조금 평범하다는 생각이 드는 것은 어쩔 수 없었다.

덜컹거리며 올라가던 오래된 엘리베이터가 타워 전망대에 도착했다. 전망대의 두터운 벽 사이로 난 창문으로 퓌헤호의 모습이 보였다. 남쪽의 풍경은 군데군데 시가지와 굴뚝이 드러나 있었다. 북쪽의 네시호에 비해 마음에 큰 울림을 주지는 못했다.

어느덧 시계는 오후 9시를 가리키고 있었지만, 주위는 아직 한낮처럼 밝았다. 해가 질 때까지 몇 시간이 남아 있었기 때문에 퓌헤호를 좀 더 가까이에서 둘러보기로 했다. 전망대를 내려와 호수 방향으로 내리막길을 걸어갔다.

호수의 크기가 크다고 하더니, 놀랍게도 고운 모래로 뒤덮인 아름다운 해변이 나타났다. 늦은 오후 같았던 따뜻한 햇볕 속에서 비치발리볼을 하거나 물놀이를 즐기는 사람들의 모습이 보였다. 그리고 그 평화로운 풍경 너머로 작은 바위섬 하나가 보였다.

잘카사리의 백야

섬의 이름은 잘카사리Jalkasaari였다. 핀란드어로 'Jalka'는 '발'이고 'Saari'는 '섬'이라는 뜻이므로 잘카사리는 '발 모양의 섬' 정도로 이해하면 좋을 것 같다. 섬의 외모가 정말 발처럼 길쭉하게 생겼는데, 해변과 섬 사이에는 작은 다리가 놓여 있어 어렵지 않게 들어갈 수 있었다.

섬 위로 드러난 바위에 두세 명씩 앉아 있는 사람들이 보였다. 그들 중 누구도 요란하게 떠드는 이가 없었다. 아름다운 자연 속에서 각자 차분히 자신만의 시간을 보내는 모습이 인상적이었다. 호수를 바라보기 적당한 바위에 자리를 잡았다. 여름의 햇살을 받아 데워진 바위의 온기가 다정했다. 그곳에 앉아 물끄러미 주황빛으로 물들어 가는 서쪽 하늘을 바라보았다.

아무것도 하지 않자 더 많은 것들이 느껴졌다. 호수의 물방울이 가까운 바위에 와닿아 작게 찰랑이는 소리가 들렸다. 이마를 스치고 지나가는 것이 8월의 것이라고는 믿을 수 없을 정도로 청량한 바람이라는 것도 새삼 깨달았다. 호수에 떠 있는 크고 작은 섬들은 저마다의 숲을 가지고 있었다. 바람이 불어올 때마다 흔들리며 속삭이는 숲의 목소리가 좋았다. 오렌지빛 햇살이 제일 높이 자라난 가지 끝에 매달리는 것을 한참 동안 바라보았다.

느슨한 하루여서 좋았다. 목표가 단순한 만큼 여행의 순간은 더욱 선명해졌다. 영원하지 않은 이 시간을 영원히 기억하기 위해 드로잉북을 펼쳤다. 밤 10시의 석양 속에서, 탐페레에서의 마지막 하루를 정리했다.

*

두 이름의 도시

역에 도착했다는 차내 방송이 들려왔다. 졸린 얼굴의 시민들을 버스 안에 남겨둔 채 배낭을 고쳐 멨다. 어깨로 전해지는 묵직함이 탐페레와의 작별을 알렸다.
탐페레역에서 핀란드 제3의 도시인 투르쿠로 향하는 기차에 탑승했다. 새로운 도시의 정보를 얻기 위해 구글 지도를 켰다. 투르쿠는 헬싱키에서 북서쪽으로 160킬로미터, 탐페레에서 남서쪽으로 160킬로미터 떨어진 곳에 있었다. 지도 위에 적당한 거리로 서로 떨어져 있는 세 도시를 손가락 끝으로 가만히 이어 보았다. 신기하게도 정삼각형 모양이 되었다.

투르쿠는 1812년에 헬싱키가 새로운 수도가 되기 전까지 핀란드의 중심지 역할을 했다. 하지만 그 시절의 핀란드는 불행하게도 이웃나라 스웨덴의 지배를 받고 있었다. 투르쿠를 비롯한 핀란드 서부 지역은 지리적으로도 스웨덴에 가까워 필연적으로 지배자들의 문화가 깊게 스며들게 되었다. 이 지역에 스웨덴어를 사용하는 인구 비율이 높은 것도 역시 같은 이유이다. 핀란드에서 스웨덴어를 사용하는 인구가 6퍼센트를 넘는 지역은 핀란드어와 스웨덴어 모두를 공용어로 지정하고 있는데, 지도에 투르쿠의 지명이 스웨덴어 이름인 '오보Åbo'도 함께 기록되어 있었다.

기차는 두 시간 남짓 달려 투르쿠역의 플랫폼에 정차했다. 투르쿠역은 핀란드 제3의 도시라고 하기에는 무척 작아 마치 작은 도시의 버스터미널 같은 느낌이었다. 함께 하차한 승객들의 뒤를 따라 투르크 시내 방향으로 걸어갔다. 공기에 아련하게 비 냄새가 났다. 이미 한바탕 내린 듯 바닥에 작은 웅덩이들이 있었고, 그 웅덩이마다 투르쿠의 파란 하늘과 하얀 구름이 맺혔다.

투르쿠에서의 숙소는 역에서 멀지 않은 오메나 호텔 투르쿠였다. 역에서 출발한 지 얼마 되지 않아 호텔의 모습이 보였다. 반가운 마음에 얼른 체크인을 하고 싶었지만, 한동안 호텔 안으로 들어가지 못하고 입구에서 쩔쩔매야 했다.

"Hello? Is anybody there?"

굳게 잠긴 문을 열 수 있는 보안번호를 몰랐다. 문을 두드리며 애타게 직원을 찾았지만 그 누구도 오는 이가 없었다. 꿈쩍도 하지 않는

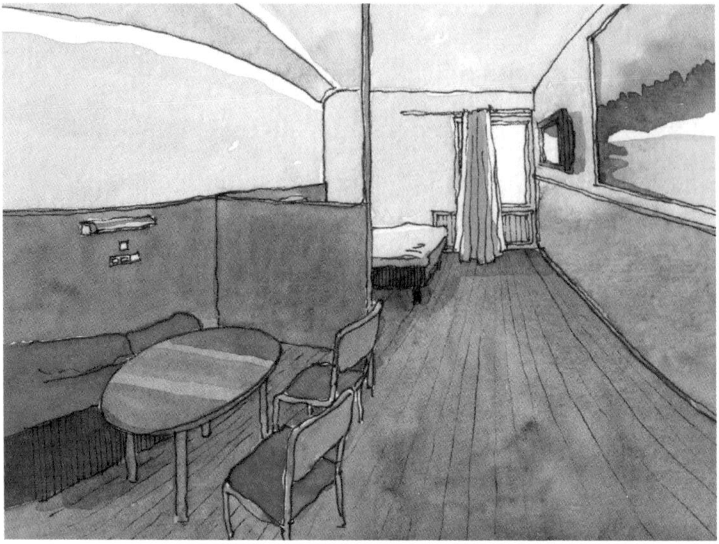

문은 내부가 훤히 보이는 유리로 되어 있어 더 야속했다.

이 모든 상황은 호텔 측에서 보낸 메일을 자세히 읽어보지 않은 내 탓이었다. 당황스러운 마음을 진정시키며 휴대전화를 꺼내 메일함을 다시 열심히 봤다. 마침내 출입구의 보안번호를 어렵사리 찾아낼 수 있었다. 목숨보다 소중하게 느껴졌던 다섯 자리 숫자를 입력했다. 거짓말처럼 문은 너무나 쉽게 열렸고, 전전긍긍했던 10여 분의 시간이 허무하게 느껴졌다.

오메나 호텔은 무인 시스템으로 운영되고 있었다. 직원의 친절한 미소를 볼 수는 없지만, 덕분에 인건비가 절감되어 타 호텔보다 저렴한 비용이 장점인 곳이다. 싱글룸 1박에 한화로 약 7만 원 정도인데, 북유럽의 살인적인 물가를 생각하면 참 마음이 따뜻해지는 가격이 아닐 수 없다.

핀란드의 웬만한 도시 중 알바 알토의 손길이 닿지 않은 곳을 찾기가 어렵다는 말이 있다. 뛰어난 재능만큼 굉장히 성실했던 그는 수많은 건축물을 남겼는데, 오메나 호텔 투르쿠 역시 그가 남긴 작품 중 하나다.

오메나 호텔 투르쿠의 외모는 매우 평범한 직육면체 구조였지만, 내부는 꽤 인상적이었다. 건물 안쪽의 공용 공간을 둘러싼 벽에는 직사각형의 작은 창문들이 정직하게 달려 있었는데, 하얀 벽과 검은색 창문의 배색이 깔끔했다. '오메나'는 핀란드어로 '사과Apple'라는 뜻인데, 그 이름처럼 객실 내부는 붉은 톤으로 꾸며져 있었다. 객실이 크지 않았음에도 좁은 느낌이 들지 않았고, 붉은색 소파는 침대로 활용이 가능해서 최대 3인까지 수용이 가능하다. 냉장고와 TV는 물론이고 전자레인지까지 갖춰져 있어서 저렴한 비용에 비해 만족도가 굉장히 높은 숙소라는 생각이 들었다.

우여곡절은 있었지만, 마침내 알바 알토의 흔적 속에 배낭을 내려놓았다. 좀 더 가벼워진 몸과 마음으로 투르쿠를 느껴 보기로 했다.

*

성당 위로 떠오른 희망

가장 먼저 투르쿠 대성당이 보고 싶었다. 역사가 깊은 도시인 투르크에서도 가장 오래된 건축물 중 하나이기 때문이다. 성당의 위치가 숙소에서 그리 멀지 않아 버스 비용을 아끼기로 마음먹었다. 먹는 것 다음으로 잘하는 것이 걷는 것이니까.

작은 광장과 그곳을 둘러싼 키 낮은 빌딩들이 보였다. 한낮인데도 문을 열지 않은 상점들이 꽤 눈에 띄었다. 8월이 여행의 성수기임에도 불구하고, 투르쿠의 거리는 한산하고 여유로웠다. 아무리 둘러봐도 이곳이 핀란드의 옛 중심지였다는 것이 실감 나지 않았다.

중심가를 벗어나자 투르쿠를 관통해 흐르는 아우라강이 나타났다. 강폭이 무척 좁았는데, 깔끔하게 정비된 하천 변 덕분에 강이라기보다는 작고 예쁜 운하처럼 보였다. 성당은 강물의 방향을 거슬러 올라가는 쪽에 있었다. 강변의 키 큰 수목들이 바닥에 화려한 무늬의 그림자를 만들고 있었다. 좋은 길 위를 걸으니 저절로 미소가 지어졌다.

성당에 가까워질 무렵 화창한 하늘에서 거짓말처럼 갑자기 소나기가 쏟아졌다. 마침 단정한 외모의 붉은 건물 하나가 눈에 띄어서 처마 밑으로 뛰어들었다.

덜컹.

다가서자마자 육중한 문이 저절로 열리는 바람에 깜짝 놀랐다. 알고 보니 사람이 다가서면 자동으로 열리는 여닫이문이었다. 이렇게 고전적인 외모의 자동문이라니. 알고 보니 이곳은 투르쿠 시립 도서관이었다. 1903년에 지어진 건물이라고 하는데, 현관의 묵직한 분위기와는 달리 내부 공간은 세련되고 현대적인 느낌이었다. 도서관으로 걸어 들어가는 동안 순식간에 중세에서 현대로 시대를 건너뛰는 기분이었다.

도서관 한가운데에 큰 홀이 있고, 차분한 녹색 1인 소파 몇 개와 대리석으로 된 작은 협탁이 놓여 있다. 그 공간을 중심으로 장서들이 빙 둘러 배치되어 있는데, 친근하고 따뜻한 분위기가 인상적이었다. 엄격한 학습의 공간이라기보다는 '휴식'이라는 단어가 어울리는 공간이었다.

푸르른 가로수가 보이는 창가의 테이블에 앉아 그림책 몇 권을 읽었다. 안락한 의자와 은은한 조명 덕분에 떠나는 것이 계속 망설여졌다. 이곳은 머물게 하는 힘이 있었다. '디자인 강국 핀란드'를 다시 한번 실감했다.

다시 밖을 나서니 어느새 비가 그쳐 있었다. 촉촉해진 가로수 너머로 투르쿠 대성당의 뾰족한 첨탑이 보였다. 도서관에서 성당까지의 거리는 무척 가까워서 작은 다리를 하나 건너자마자 성당의 전체 모습을 한눈에 볼 수 있었다.

성당의 규모는 웅장하지만, 디테일은 단순했다. 두터운 건물 외벽에 작은 창문들이 달려 있어 둔탁한 느낌이 들었다. 가까이 다가서니 자연석을 거칠게 쌓아 올린 벽체가 확연히 시야에 들어왔다. 세련되고 화려한 다른 나라의 성당에 비해 토속적인 분위기였다.

13세기 말에 처음 지어진 투르쿠 대성당은 오랫동안 핀란드 종교의 중심지 역할을 했다. 불행히도 1827년에 발생한 대화재로 투르쿠는 도심 대부분이 소실되는 불운을 겪었고, 투르쿠 대성당 역시 큰 피해를 입었다. 화재 이후 노력을 기울여 원본에 가깝게 복원하지 않았다면 지금의 모습은 볼 수 없었으리라. 성당 내부에도 여러 차례 복원에 힘쓴 흔적이 눈에 띄었다. 손을 내밀자 손가락 끝으로 성당 벽면의 거친 질감이 그대로 느껴졌다.

성당 밖으로 나오니 도심의 풍경이 다시 눈 앞에 펼쳐졌다. 이 소박하고 평온한 도시를 지키기 위해 투르쿠 사람들은 얼마나 많은 눈물과 땀을 쏟아야 했을까. 문득 아무 생각 없이 걸어온 이곳의 거리가 새롭게 보이기 시작했다.

시커먼 잿더미 위에서 다시 희망을 발견한 투르쿠 사람들에게 경의를 표현하고 싶었다. 성당 앞 광장으로 나와 스케치북을 펼쳤다. 마침 비가 그친 하늘에도 두 개의 희망이 떠올랐다.

*

헤스버거와 투르쿠 성

다른 유명 관광지에서는 흔히 볼 수 있었던 노란색 'm' 간판을 핀란드에서는 좀처럼 찾아보기 힘들었다. 핀란드에서 관광객이 가장 많이 왕래하는 헬싱키에서는 간간히 목격할 수 있었지만, 투르쿠를 여행하는 이틀 동안 만난 맥도날드 매장은 단 한 곳에 불과했다. 핀란드 사람들이 유독 햄버거를 싫어해서 그런 것은 아니었다. 핀란드 토종 패스트푸드 브랜드인 헤스버거Hesburger가 굳건히 시장 점유율을 지키고 있기 때문이다. 헤스버거의 인기는 핀란드 내에 국한되지 않는다. 인접한 발트 3국과 러시아에도 다수의 매장이 진출한 것을 보면, 가히 북동부 유럽 패스트푸드의 최강자라고 할 수 있을 정도의 기세다.

헤스버거는 1966년에 투르쿠와 인접한 작은 도시 난탈리에서 시작되었다. 창업 초반에는 작은 길거리 음식점에 불과했으나, 1970년대에 투르쿠로 진출하면서 점차 큰 인기를 얻게 되었다. 헤스버거라는 현재의 상호명 역시 그때 만들어졌다고 하니, 투르쿠야말로 이 브랜드와의 첫 만남을 하기에 가장 의미 있는 도시가 아닐까 싶었다.

거리를 걷는 와중에 다행히 매장 하나가 눈에 띄었다. 깨끗한 유리문을 밀고 매장 안에 들어서니, 내부의 풍경은 한국의 여느 패스트푸드점과 크게 다르지 않았다. 카운터에 적혀 있는 메뉴의 가격이 살짝 비싸게 느껴지긴 했다. 하지만 비싼 북유럽 물가를 생각하면 비교적 저렴하게 한끼를 해결할 수 있는 수준이라, 평범해 보이는 세트메뉴 하나를 주문했다.

카운터 옆에 마련된 셀프 바에 작은 용기들이 준비되어 있었다. 직원이 별도로 케첩을 나누어 주는 것이 아니라 이 용기에 직접 덜어 오는 시스템이었다. 반면에 조리된 햄버거는 카운터로 가서 받아 오는 것이 아니라 테이블로 직원이 직접 들고 오는 것이 재밌었다. 감자튀김이 조금 짠 느낌이 있었지만, 햄버거는 딱 예상 가능한 그 맛이었다. 오랜만에 익숙한 맛의 식사를 하게 되어 마음이 조금 풀어졌다. 햄버거에서 그리움을 발견하게 될 줄이야. 한국인의 소울 푸드가 김치와 된장뿐만 아니라 언젠가는 햄버거가 될 수도 있겠다는 생각이 들었다.

투르쿠에서 마지막으로 둘러볼 곳은 투르쿠 성Turun Linna이다. 저녁에 아우라강 하류에 있는 투르쿠 여객선 터미널에서 스웨덴으로 가는 배를 탈 예정이었기 때문에 일부러 항구 근처에 있는 투르쿠 성을 마지막 여정으로 남겨 놓은 상태였다.

시내버스에 탑승한 지 얼마 되지 않아 성에 도착했다는 것을 알리는 차내 방송이 들려왔다. 하지만 버스를 하차하자마자 의아했다. 막 내린 정류장에서 보이는 것은 왕궁이라고 하기에는 무척 투박하고 단조로운 외모의 하얀 건물이 전부였기 때문이다.

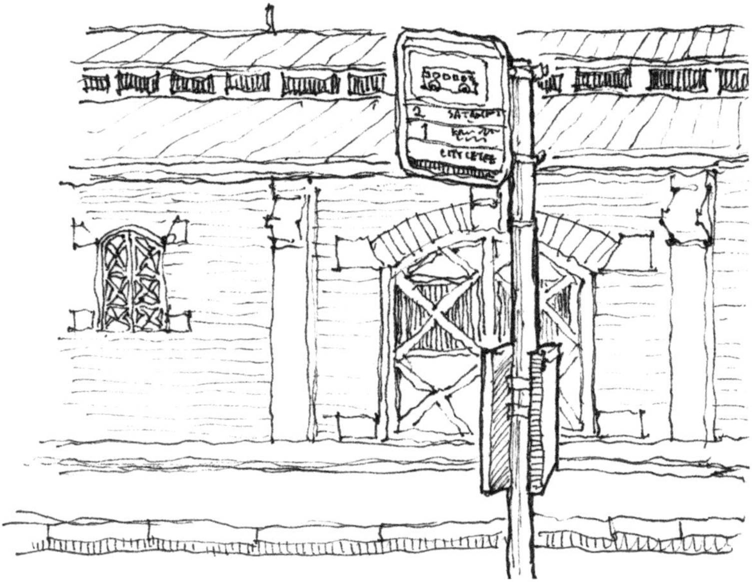

Bus stop in Turku Finland.

두터운 흰 벽 사이로 난 문을 통과해 성에 들어섰다. 가까이 다가서자 칠이 벗겨진 벽의 표면에 다듬지 않은 거친 돌들이 그대로 드러나 있는 것이 보였다. 높고 단단한 느낌의 벽체 덕분에 비록 화려하지 않지만 묘한 편안함을 주고 있었는데, 사실 이 성에 얽힌 역사는 그리 평범하지 않다.

투르쿠 성은 왕의 거처로 지어졌지만, 정작 왕궁이었던 적은 한 번도 없었다. 게다가 이곳에 머물렀던 사람은 핀란드가 아닌 스웨덴의 왕이었다. 투르쿠 성이 처음 건립된 1280년 무렵 핀란드는 스웨덴이 지배하고 있었기 때문에 스웨덴 왕의 방문 시 사용되는 출장 사무소 역할을 했다.

16세기 이후에는 스웨덴에서 임명된 총독이 기거하는 관저로 사용되었고, 그 후 성의 중요도가 점차 떨어져 18세기에는 곡물창고로 이용되기도 했다. 최근 문화 유적으로 재조명되기 전까지는 죄수를 수감하는 교도소로 운영되었다고 하니, 세상에 이보다 더 기구한 운명의 건물이 있을까 싶다.

시곗바늘은 어느새 오후 5시를 가리키고 있었다. 저녁에 떠날 페리 탑승 시간이 조금 빠듯하게 느껴졌지만, 투르쿠 성과의 작별이 왠지 아쉬웠다. 그늘이 드리워진 풀밭에 앉아 종이에 성의 모습을 담았다. 한껏 여유를 부리던 이때까지만 해도 전혀 예상하지 못했다. 반전을 거듭했던 이 성의 운명이 곧 다가올 나의 신세와 겹쳐 보이리라고는.

투르쿠 성

＊

무민이 사는 섬

하늘은 대낮처럼 밝았지만, 시곗바늘은 어느새 저녁 6시를 가리키고 있었다. 여객선 터미널은 다행히도 투르쿠 성에서 멀지 않은 곳에 있어서 빠르게 걸어가니 10분이 채 걸리지 않았다. 그곳에서 스웨덴의 수도인 스톡홀름으로 떠나는 페리를 탈 예정이었다.

투르쿠에서 스톡홀름 사이를 운항하는 노선은 탈린크 실야 라인Tallink Silja Line과 바이킹 라인Viking Line이라는 두 개의 선박 회사가 운영하고 있다. 투르쿠 항구에는 두 회사의 터미널이 따로 세워져 있었는데 한국에서 예약해 두었던 티켓을 발권하기 위해 '실야 라인'이라고 쓰여 있는 건물 안으로 들어섰다. 매표창구로 다가가 푸른 눈의 여직원에게 예약된 티켓의 발권을 요청했다.

"Excuse me, but this is a ticker for tomorrow."

"Pardon me?"

평온했던 나의 눈동자는 이때부터 흔들리기 시작했다. 스마트폰으로 허둥지둥 다시 예약을 확인해 보니, 오늘 저녁이 아닌 다음 날 저녁 8시에 떠나는 티켓으로 잘못 예약했다는 것을 알게 되었다. 명백한 나의 실수였다.

어쩌다 보니 이렇게 핀란드에서 하루를 더 보내게 되었다. 이미 늦은 저녁 시간이었기 때문에 어쩔 수 없이 항구 근처의 작은 호텔에

짐을 풀었다. 마트에서 사 온 맥주 한 캔으로 놀란 마음을 달래며 내일의 일정을 조율해 보았다. 지도로 검색해보니 투르쿠 서쪽에 있는 작은 도시 난탈리가 눈에 띄었다. 여행을 계획할 때 관심은 갔었지만, 촉박한 일정 때문에 제쳐 두었던 도시. 이곳에 가보기로 마음먹었다.

대중교통을 이용해 난탈리로 가는 방법은 크게 두 가지였다. 첫 번째는 투르쿠 중심가에서 버스를 이용하는 것이었고, 두 번째는 항구 근처에서 출발하는 증기선을 타는 것이었다. 배의 이름은 'S/S

우코페카'였다. 한 번도 타보지 못한 증기선이었기에 난탈리는 배로 왕복하는 것으로 결정했다.

다음 날 아침, 식사를 마치자마자 선착장으로 향했다. 그곳에는 이미 수십 명의 관광객이 아침에 떠나는 첫 배를 기다리고 있었다. 바다에서 바라보는 핀란드의 풍경을 가깝게 느끼고 싶어서 선내가 아닌 조타실 위에 마련된 노천 벤치에 자리를 잡았다. 좌석 뒤쪽으로는 증기선의 까만 굴뚝이 솟아나 있었다. 출항을 알리는 기적 소리가 길게 울려 퍼지자 마음이 들뜨기 시작했다.

하늘은 맑았지만, 유난히 바람이 강한 날이었다. 페리에서 맞는 바닷바람이 무척 차갑게 느껴졌다. 주위의 풍경은 아름다웠지만, 결국 20분을 채 버티지 못하고 따뜻한 선내로 들어왔다. 커피 한 잔으로 몸을 녹이자 여유가 생겼다. 펜을 들어 실내의 모습을 종이 위에 천천히 기록했다. 아득히 들려오는 기적 소리에 맞은편 테이블에 앉아 있던 백발의 남성이 옅은 미소를 짓

는 것이 보였다. 온몸을 울리는 저 소리 속에서 노신사는 어떤 추억을 찾아낸 걸까.

멀미를 잘 안 하는 편이지만, 작은 배 안에서의 드로잉은 생각보다 힘들었다. 두 장의 드로잉만을 가까스로 마무리한 뒤 불편한 속을 달래야 했다. 어느새 배는 작은 섬들이 아기자기하게 떠 있는 핀란드의 연안을 통과하고 있었다. 곧 난탈리에 도착한다는 선내 방송이 들려왔다.

Naantali,
Finland

난탈리의 항구는 아담했다. 키 큰 수목과 낮은 건물들이 어우러져 전반적으로 아기자기한 느낌이었다. 숲 너머로 보이는 오래된 교회의 첨탑이 멋스러웠다. 여름이 성수기라고 하지만, 이곳 역시 실제로 방문해 보니 거리는 한산했다. 구도심 지역 곳곳에 숲이 잘 조성되어 있어서 서늘한 바람이 동네를 어루만질 때마다 사각사각 속삭이는 소리가 났다.

덤으로 주어진 하루를 난탈리에 오는 데 사용한 이유는 사실 이곳에 있는 '무민월드' 때문이기도 했다. 무민은 핀란드 작가 토베 얀손Tove Jansson이 1945년부터 1970년까지 발표했던 동화책 시리즈의 캐릭터다. 북유럽 설화에 나오는 트롤을 모티브로 만들어졌는데, 하얗고 둥글둥글한 체형과 하마를 닮은 듯 온순한 모습이 특징이다.
토베 얀손이 발표한 무민 이야기는 핀란드에서 큰 인기를 얻었고, 이후 영국 신문에 만화 형태로 연재되며 널리 알려지게 되었다. 아시아에서는 1969년에 일본에서 방영된 TV 애니메이션을 통해 유명세를 타게 되었다.

무민월드는 동화 속 무민의 캐릭터와 세계관을 기초로 난탈리에 만들어진 테마파크다. 이곳은 계절을 잘 맞춰 오지 않으면 입장이 어렵기로 유명하다. 성수기인 여름에 6~8월까지만 운영하며 겨울 시즌에는 2월에 윈터 매직을 테마로 일주일만 개방한다.

오래된 난탈리 교회를 지나 북쪽으로 걷다 보니 작은 섬 하나가 나타났다. 카일로Kailo라는 이 섬은 약 250미터 길이의 목조 다리로 육지와 연결되어 있으며, 무민월드는 바로 이 섬 안에 조성되어 있다. 하얗고 긴 다리를 건너 무민의 세계로 들어섰다. 비록 무민의 열성적인 팬은 아니지만, 괜히 마음이 설렜다.

입장 후 눈을 의심하지 않을 수 없었다. 무민월드에는 롤러코스터는 고사하고 그 흔한 범퍼카 하나 없었다. 알고 보니 이곳의 매력은 보통의 테마파크처럼 놀이기구 중심이 아니었다. 캐릭터와 세계관을 바탕으로 만들어진 곳이기 때문에 직접 만져 보고 체험할 수 있는 시설 위주로 구성되어 있었다. 무민 가족이 사는 집과 스너프킨의 텐트, 주인공의 일화가 얽힌 소방서와 경찰서 등 동화 속의 작은 건물들이 이 섬의 자연 속에 어우러져 있을 뿐이었다. 이곳을 찾은 어린이들은 그 공간 속에서 마음껏 뛰어놀며 각각의 캐릭터로 분장한 직원들이 출연하는 상황극에 참여하기도 했다. 동화 속 인물들과 적극적으로 교감하는 핀란드 어린이들의 모습이 무척 인상적이었다.

원작 동화의 초기 배경은 의외로 어둡고 무거운 편이다. 무민의 외모는 포근하고 귀엽지만 그들이 겪는 상황은 대홍수, 혜성 충돌 등 자연재해를 다루고 있기 때문이다. 토베 얀손이 처음 무민을 만들었던 1945년은 제2차 세계대전이 벌어지던 시기인데, 작가의 남동생 역시 참전한 상태였다. 어쩌면 전쟁의 포화에 휘말려 가족을 잃거나 보금자리를 떠나야 할지도 모른다는 불안감이 작품 속에 자연스럽게 녹아들었는지도 모른다.

무민과 친구들의 모험은 작가에게 현실의 두려움을 극복하고 희망을 발견하는 과정이 아니었을까. 그런 의미에서 난탈리의 무민월드는 작가가 꿈꾸었던 이상향을 현실에 형상화한 공간 같다.

방문객들은 어린아이를 동반한 가족 단위가 대부분이었다. 어디를 둘러보아도 홀로 찾아온 성인 남자는 없었다. 무민월드 곳곳을 적극적으로 구경하고 싶었지만, 왠지 머쓱해져 오래 머물지 못했다. 돌아오는 발걸음이 아쉬워 공원 내의 상점에서 작은 인형 세트를 구입했다. 훗날 날 닮은 아이와 다시 올 것을 다짐하며.

Moomin

02 Sweden

발트해를 건너다

발트해의 밤

거대한 배가 미끄러지듯 항구를 빠져나갔다.
이별의 속도만큼 투르쿠의 풍경도 멀어지고 작아졌다.

오늘 밤 머물 캐빈에 배낭을 내려놓았다.
소파를 펼치면 3명까지 잘 수 있고,
개인 욕실까지 갖춰진 작지만 아늑한 공간이었다.

어느새 밤 10시.
북유럽 여름의 하늘과 바다는
어둠에 타협하지 않았다.

아련히 푸른 바다 위로
하나둘씩 작은 섬들이 나타났고,
배는 그들의 속삭임을 지나
앞으로 앞으로 나아갔다.

바다 위에 낮게 웅크리고 있는 섬들과
홀로 긴 호흡의 여행을 하는 내 모습이
크게 달라 보이지 않았다.

인생이라는 바다 위를 흘러가는
나 역시 고단한 섬이다.

허름한 오두막 하나 없어도 평화로운 저들처럼
고요한 여정 속에서도 작은 불 밝혀 둘 수 있는
외롭지만 다정한 섬이 되리라.

*

맑고 차가운 여름

휴대폰에 맞춰 둔 기상 알람이 울렸다. 방 안에 미세하게 퍼지는 배의 진동을 느끼며 침대에 누운 채 머리맡의 커튼을 젖혔다. 작고 동그란 객실 창문 너머로 스톡홀름의 낯선 풍경이 점점 가까워지고 있었다.

이제 막 새벽 6시를 지난 시각. 도착까지 아직 약 30분이 남아 있었지만, 하선을 알리는 짧은 안내 방송이 남아 있던 잠을 말끔히 지워 버렸다. 객실 침대가 생각보다 편안했던 탓인지 몸이 개운했다. 서둘러 세면을 마치고, 미리 사두었던 빵과 사과주스로 아침을 간단하게 해결했다.
떠나기 전에 마지막으로 방 안을 둘러보았다. 작지만 안락했던 나의 캐빈. 이 포근한 공간을 좀 더 오래 점유하지 못하고 떠나야 한다는 사실이 아쉬웠다.

졸린 얼굴의 승객들과 함께 연결된 통로를 지나 여객선 터미널로 건너갔다. 배의 규모가 컸던 만큼 하선하는 승객의 숫자도 많았다. 탈린크 실야 여객선 터미널은 깔끔하고 넓었지만, 같이 도착한 사람들로 인해 로비가 출근 시간의 지하철역처럼 붐볐다.
아직 아침 7시가 되지 않은 시각이었다. 예약해 둔 숙소는 오후에 체크인이 가능했기 때문에 구시가지 지역인 감라스탄에 들러 오전 시간을 보내기로 했다. 시내 중심가로 가기 위해 터미널을 벗어나 가까운 지하철역으로 걸어갔다.

실외로 나오자 스톡홀름의 서늘한 아침 공기가 목덜미에 와닿았다. 깜짝 놀라 배낭에서 바람막이를 꺼내 입었다. 그에 비해 지하철 안은 무척 포근했다. 어느새 눈꺼풀이 점점 무거워지나 싶더니 배낭을 움켜쥔 채로 꾸벅꾸벅 졸고 말았다. 열차는 묵묵히 자신의 길을 달려갔다.

덜컹덜컹.

주위가 환해진 느낌에 눈을 떴다. 간지러운 아침 햇살이 객차 안으로 가득 쏟아져 들어오고 있었다. 열차는 지하 구간을 벗어나 막 교량을 건너가던 참이었다. 차창 밖으로 어두운 터널이 아닌, 고풍스러운 도심과 푸른 운하가 펼쳐졌다. 흘러가는 짧은 순간의 풍경 속에서도 크고 작은 여러 개의 섬을 볼 수가 있었다.

스톡홀름은 대륙에 붙어 있는 반도와 13개의 크고 작은 섬으로 이루어진 도시다. 이런 이유로 스톡홀름은 '북쪽의 베네치아'라는 별명을 가지고 있다. 창밖의 풍경을 느긋하게 바라보다 황급히 내릴 준비를 했다. 다음 정류장이 감라스탄이라는 안내방송이 들려왔기 때문이었다.

스톡홀름Stockholm은 '통나무'라는 뜻의 'Stock'과 '섬'이라는 뜻의 'Holm'이 결합하여 만들어졌다. 도시 서쪽에 멜라렌Mälaren이라는 큰 호수가 있는데, 오래전 이 호수의 상류에서 통나무를 띄워 보내 그것이 처음으로 닿은 땅에 도시를 짓기로 했다. 통나무는 마침내 작은 섬의 기슭에 멈춰 섰고, 그곳은 곧 감라스탄이라는 이름을 얻게 되었다. 스웨덴어로 감라스탄은 '오래된 도시'를 뜻한다. 이름에 걸맞게 감라스탄에는 오래된 건물들이 빽빽이 들어서 있다.

좁고 오래된 골목을 지나 감라스탄 중심부로 걸어갔다. 아직 이른 시각이라 관광객으로 북적이기 전의 고요함이 좋았다. 구시가지의 한가운데에 이르자 아담한 광장이 나타났다. 벤치에 앉으니 맞은편에 형제처럼 같은 높이로 붙어 있는 건물들이 보였다. 아침 햇살을 받은 뽀얀 광장을 그리고 싶어졌다.

"저기, 실례지만 사진 한 장 찍어도 될까요?"

오랜만에 들려오는 모국어가 반가워 고개를 들었다. 누군가 벤치 앞에 서서 나를 바라보고 있었다. 둥글고 앳된 얼굴에 어깨까지 오는 검은 머리. 20대 중반쯤 되어 보이는 한국인 여성이었다. 스웨덴에 유학 중인 여학생이라고 소개한 그녀는 그림 그리는 내 모습을 사진으로 담아도 되는지 물어왔다. 흔쾌히 그러라고 하고 다시 그림을 그리기 시작했다. 들려오는 셔터 소리에 나도 모르게 살짝 웃음이 터져 나왔다. 이른 아침에 거리로 나선 한국인 여행자가 아름다운 감라스탄이 아닌 다른 한국인을 촬영하는 상황이라니.
그림에 열중하다 문득 주위를 둘러보니 어느새 여학생은 사라지고 없었다. 작별인사조차 나누지 못한 것이 조금 아쉬웠다.

그림 그리는 과정은 그리 순조롭지 못했다. 점점 더 강하게 느껴지는 추위에 결국 현장에서 끝까지 마무리하지 못하고 일어나야 했다. 몸을 녹일 수 있는 장소를 찾는 와중에 휴대폰으로 스톡홀름의 현재 기온을 확인했다. 아침 기온 12도. 8월 초라고는 도저히 믿을 수 없는 온도였다.

온기를 찾아 거리를 배회했다. 놀랍게도 아침 7시에 오픈하는 카페가 있었다. '에스프레소 하우스'라는 간판이 반가웠다. 콧물을 훔치며 벌컥벌컥 마시는 따뜻한 카푸치노 한 잔의 다정함이란! 이렇게 스톡홀름의 첫인상은 내게 '맑고 차가운 여름'으로 기억되었다.

감라스탄

*

골목 속의 이야기들

스톡홀름은 크고 작은 여러 개의 섬으로 이루어져 있다. 감라스탄은 그중 스타스홀멘Stadsholmen이라는 작은 섬 위에 세워졌다. 전체 면적이 여의도의 4분의 1에 불과하므로 서두르지 않아도 반나절이면 섬 곳곳을 둘러볼 수 있다.

이른 아침 감라스탄의 골목길을 홀로 걸었다. 주위의 건물들은 한눈에 보아도 오랜 세월이 느껴졌다. 높이가 10미터 남짓 되는 빛바랜 벽면이 끊임없이 이어졌고, 그 틈 사이로 좁고 긴 골목들이 실핏줄처럼 이어졌다. 닫힌 시야 속에서는 섬 전체의 크기를 가늠하기 쉽지 않아서 고요한 아침 공기 속의 감라스탄은 무척 복잡하고 거대하게 느껴졌다.

골목길은 어느새 모르텐 트로치그 그렌Mårten Trotzigs Gränd으로 이어졌다. 이곳은 감라스탄에서 가장 좁은 골목길 중 하나인데, 가장

좁은 부분은 너비가 90센티미터에 불과하다. '모르텐 트로치그'는 16세기에 독일에서 온 이민자의 이름이다. 건물을 짓고 그 건물 사이의 골목에 자기 이름을 붙였다고 하니, 우리나라로 치면 '김아무개 골목' 정도가 되려나.

어깨가 맞닿을 듯 가늘게 이어진 길 저편에서 나를 향해 걸어오는 두 명의 여행자가 보였다. 워낙 협소한 길이었기에 양해를 구하며 서로 조심스럽게 지나가야 했다. 지나는 이들의 얼굴을 바라보며 반드시 짧은 눈인사를 나누어야 하는 곳. 그것이 이 길의 매력 포인트였다.

유서 깊은 역사만큼 감라스탄의 골목 곳곳에는 여러 시대의 아픔이 깃들어 있다. 그중 1520년 11월은 이곳에 죽음의 냄새가 짙게 드리워졌던 날이다. 덴마크의 크리스티안 2세는 자신에게 반기를 들었던 스웨덴 귀족과 시민 82명을 이곳에서 처형했다. 이른바 스톡홀름 피바다라는 이름으로 알려진 이 사건은 스웨덴의 독립을 막기 위해 벌어졌던 참극이었다.
공포의 정치는 영원하지 못했다. 이 일은 스웨덴인에게 덴마크에 대한 저항을 더욱 가속화하는 발화점이 되었다. 그 후 해방을 위한 투쟁이 끝없이 이어졌고, 스웨덴은 마침내 1523년에 완전한 독립을 쟁취했다.

감라스탄의 골목 속에는 또 다른 슬픈 이야기가 숨어 있다. 스톡홀름 왕궁 근처의 오렌지색 벽으로 된 핀란드 교회 뒤뜰에서 작은 동상 하나를 발견했다.

다소곳이 다리를 모은 채 하늘을 올려다보고 있는 모습. 높이가 14센티미터밖에 되지 않는 작은 몸집에서 어딘가 애잔함이 느껴졌다. 스웨덴의 아티스트 리스 에릭슨Liss Eriksson이 1954년에 만든 〈아이언 보이Iron Boy〉라는 동상이다.

오래전 스톡홀름항 부둣가에는 선박의 짐을 나르며 연명하던 아이가 있었다. 어린아이가 하기에 가혹한 일이었지만, 고아였던 그는 이 일을 하지 않으면 목숨을 이어갈 방법이 없었다. 고된 노동과 배고픔에 시달리던 아이는 감라스탄의 차갑고 허름한 골목 어딘가에서 끝내 숨지고 말았는데, 이 청동상은 그처럼 안타깝게 스러져 간 부둣가의 아이들을 추모하기 위해 세워진 것이다.

지금은 여름이라 아무것도 걸치지 않은 모습이지만, 겨울이 되면 스톡홀름 시민들은 이 아이가 추위에 떨지 않도록 털모자와 목도리를 씌워 준다고 한다.

그림 속에서나마 아이에게 온기를 전하고 싶었다. 담담히 한 장의 그림을 남기고 다시 골목길로 나섰다.
괜히 마음이 따뜻해졌다. 오히려 내가 위로를 받았다.

스톡홀름 루프탑 하이킹

리다르홀멘Riddarholmen은 스타스홀멘의 서쪽에 위치한 작은 섬이다. 감라스탄과 다리로 연결되어 있어 쉽게 넘어갈 수 있다. 이곳에서는 오래된 건물의 지붕 위를 걷는 수상한 사람들을 볼 수 있다. 그들은 스톡홀름의 독특한 여행 상품인 루프탑 하이킹을 체험하는 여행자들이다.

현재는 정부청사 건물로 사용되고 있는 구 국회의사당 지붕 위를 걷는 가이드 투어인데, 거리에서는 볼 수 없는 스톡홀름의 풍경들이 눈앞에 펼쳐진다. 항상 고리가 연결된 상태로 이동하며 가이드와 안전요원이 동행하므로 안전하다. 하지만 6~7층 높이의 지붕 위를 걸어야 하므로 고소 공포증이 심한 사람들에겐 추천하지 않는다.

요금은 1시간에 1인당 695크로나로 한화로는 약 87,000원(시기에 따라 변동됨) 정도이며 아래의 사이트에서 예약할 수 있다.

스톡홀름 루프탑 하이킹 예약 사이트 https://takvandring.com

성 조지와 용

스톡홀름 대성당

한낮이 되자 감라스탄 중앙에 위치한 스토르토리에트 광장은 다양한 국적의 여행자들로 점점 더 활기를 띠었다. 행복한 표정의 사람들을 지나 광장의 북쪽으로 발걸음을 옮겼다. 좁고 긴 골목의 모퉁이를 돌아서자 곧 차분한 베이지색 벽면이 눈앞에 나타났다. 이 도시에 도착하기 전부터 이미 마음에 담아 두었던 스톡홀름 대성당이었다.

끼익.

힘을 준 오른손에 성당 정문의 무게가 고스란히 느껴졌다. 성당 내부는 요란하게 치장하지 않아 대체로 차분한 분위기였다. 천장이 그리 높은 것은 아니었지만, 붉은 벽돌을 켜켜이 쌓아 만든 여러 기둥이 수직 공간에 품격을 더해 주고 있었다.
성당에 들어서자마자 주변을 두리번거렸다. 스톡홀름 대성당 안에는 많은 유물이 있지만, 그중에서도 가장 만나고 싶던 조형물이 있었다. 이윽고 성당의 한쪽에서 1489년에 세워진 목조상 〈성 조지와 용〉을 발견했다.

〈성 조지와 용〉은 오랫동안 시선을 붙드는 힘이 있었다. 말을 탄 기사와 용이 한데 얽혀 싸우고 있는 장면이 격정적으로 표현되었는데, 용의 날카로운 발톱은 기사가 타고 있는 말의 복부를 깊게 찌르고 있고, 장검을 든 기사는 뒤로 쓰러진 용에게 마지막 일격을 가하려는 긴박한 순간이 기록되어 있었다.

이 조각은 15세기 북유럽의 혼란 속에서 탄생했다. 당시 덴마크, 스웨덴, 노르웨이는 '칼마르 동맹' 이름 아래 형식적으로는 하나의 연합을 이루고 있었다. 그러나 세 왕국은 결코 평등한 입장이 아니었다. 동맹을 대표하는 연합 왕의 지위를 당시 북유럽 최강자였던 덴마크가 독점하고 있었기 때문이다. 스웨덴의 입장에서 보면 그 시기는 덴마크의 지배와 간섭을 받던 역사적 암흑기라고 할 수 있었다.

필연적으로 스웨덴에서는 덴마크로부터 독립을 위한 거센 저항이 일어났는데, 1471년에 벌어진 브룬케베리 전투에서 국면이 전환되기 시작했다. 덴마크의 국왕 크리스티안 1세의 군대가 이 전투에서 스웨덴군에 의해 결정적인 참패를 당하고 말았던 것이다. 이 전투는 스웨덴 독립의 기틀을 마련한 결정적인 계기가 되었다.

스웨덴의 지도자이자 승리의 주역인 스텐 스투레 1세는 승전을 기념하기 위해 스톡홀름 대성당에 목조상 하나를 봉헌했는데, 그 유물이 바로 눈앞에 서 있는 <성 조지와 용>이었다.

영광스러운 역사의 흔적을 문득 종이에 담고 싶어졌다. 목조상 바로 근처에 의자가 있어 그곳에 걸터앉아 40여 분 동안 그렸다. 스케일을 잘못 잡아 용을 그릴 공간이 부족해지는 바람에 당황했지만, 곧 뒷장의 종이를 찢어 이어 붙인 다음 남아 있는 부분을 차분히 더해 나갔다.

펜으로 형태를 다듬는 동안 목조상이 더욱 생생해졌다. 넘어져 있는 용의 처절한 몸부림에서 짙은 패배의 냄새가 느껴졌고, 성 조지의 위엄 넘치면서도 기품 있는 모습 속에서 당시 스웨덴 사람들이 꿈꾸었던 독립에 대한 열망과 승전의 환희가 엿보였다.

한 가지 이상한 점은 검을 든 기사의 시선이었다. 그는 쓰러져 있는 용을 바라보지 않고, 고개를 들어 그 너머의 전방을 주시하고 있었다. 그것은 분명 최후의 일격을 준비하는 긴박한 상황과는 어울리지 않았다.

그리는 행위는 대상을 깊이 관찰하게 한다. 오랫동안 느슨히 바라보자 어느 순간 이해되는 것이 있었다. 성 조지의 어색한 시선은 눈앞의 작은 승리에 취하지 않겠다는 다짐일지도 모른다는 것. 그의 시선은 어쩌면 더욱 멀리 뻗어 나갈 스웨덴의 미래에 닿아 있는 것은 아닐까.

*

노벨 박물관

감라스탄 중심부에 있는 광장으로 다시 돌아왔다. 아침에는 오픈하지 않아 둘러보지 못했던 노벨 박물관을 가 볼 생각이었다. 광장 중심에 도착해 시선을 북쪽으로 옮기니 외모에서부터 학구적인 느낌을 물씬 풍기는 박물관 건물이 시야에 들어왔다.

노벨 박물관이 이곳에 건립된 데에는 그만한 이유가 있다. 스톡홀름은 다이너마이트의 발명자이자, 노벨상의 설립자인 알프레드 노벨이 태어난 도시라는 것.

노벨 박물관은 노벨상 제정 100주년을 기념해 2001년에 문을 열게 되었는데, 박물관 3층에는 노벨문학상을 심사하는 기관인 스웨덴 아카데미가 있다. 매년 10월 10일에 노벨문학상 수상자를 발표하는 기관이 바로 이곳이다. 1층 박물관에는 역대 수상자들의 생애와 그들이 생전에 사용했던 소장품들을 전시하고 있었다. 그 숫자

가 생각보다 많지는 않았지만, 역대 수상자들의 업적을 한자리에서 만나 볼 수 있다는 것이 의미가 있었다.

스톡홀름을 찾은 한국인 여행자들에게 이곳은 남다른 의미가 있는 곳이다. 우리나라 사람으로는 유일하게 노벨상을 수상한 김대중 전 대통령의 흔적이 남아 있기 때문이다. 역대 노벨상 수상자들의 소장품들 속에서 어렵지 않게 그의 흔적을 찾아볼 수 있었다.

가장 먼저 눈에 띄었던 것은 한 쌍의 빨간 털신. 김 전 대통령이 청주교도소에 수감 중이던 시절에 이희호 여사가 직접 만들어 전달해 준 것이다. 얼마나 정성스럽게 만들었는지 수십 년의 세월이 흘

렀음에도 불구하고 흐트러짐 없이 모양을 잘 유지하고 있었다.

털신 바로 옆에 두 사람이 주고받은 옥중서신이 전시되어 있었다. 요즘은 흔히 찾아볼 수 없는 봉함엽서 양식이었는데, 당시 서신 왕래가 쉽지 않았는지 한 번에 많은 이야기를 전달하기 위해 작은 글씨가 깨알같이 새겨져 있었다. 글 속에는 현재의 정치 상황에 대한 진단과 민주주의에 대한 고찰 그리고 가족을 향한 애틋함이 가득 녹아 있었다.

폭력적인 거대한 권력 앞에서 당당히 정의를 외치기 위해서 얼마나 큰 용기가 필요한가. 작은 신발과 색 바랜 엽서 앞에서 김대중 전 대통령이 살아온 생애의 묵직함을 느꼈다.

건물을 나서기 전에 박물관 1층에 있는 카페에 잠시 들렀다. 다른 곳에서는 찾을 수 없는 이곳만의 특별한 디저트를 먹기 위해서였다. 메뉴를 확인해 보니 만 원을 훌쩍 뛰어넘는 가격. 주머니가 가벼운 여행자로서는 상당히 과감한 도전이었지만, 당당히 주문을 넣었다.

잠시 후 큰 접시 위에 바닐라와 딸기 맛의 아이스크림과 약간의 과일 그리고 노벨상 메달 모양의 초콜릿이 함께 담겨 나왔다. 주위를 둘러보니 근처의 다른 테이블에서도 이 요란한 아이스크림을 즐기는 사람이 꽤 많았는데, 인기의 비결은 단순했다. 이것이 노벨상 시상식 만찬회장에서 참석자들에게 제공되는 디저트와 똑같은 것이기 때문이다.

잠시 노벨상 수상자가 되어 보는 순간의 판타지를 위해 비싼 가격을 지불한 셈이랄까. 살벌한 북유럽의 물가를 다시 한번 느끼는 순간이었지만, 혀끝에 와닿는 달콤함은 긴 여행의 피곤함을 잠시 잊게 해주었다.

*

여왕의 은빛 왕좌

스웨덴 왕궁 앞 광장은 족히 천 명이 넘어 보이는 사람들로 시끌벅적했다. 감라스탄에 있는 모든 여행자가 한곳에 모인 것 같은 착각이 들 정도였다. 장내가 술렁이며 그들의 시선이 한 곳에 집중되기 시작했다. 사람들이 이곳에 모여든 공통의 이유. 북유럽 최대 규모의 근위병 교대식이 이제 막 시작하려 했다.

둥둥둥.

가슴을 울리는 북소리와 함께 수십 기의 기마대가 광장 안쪽으로 들어왔다. 그들이 입은 푸른 제복이 북유럽의 하늘과 바다를 닮은 듯 눈부시게 느껴졌다. 교대식이 진행되면서 장내 분위기는 점차 차분해졌고, 드넓은 광장 안의 공간은 관광객의 소음 대신 힘찬 구령과 경쾌한 말발굽 소리로 채워졌다.

교대식의 스케일도 대단했지만 주위를 에워싼 스웨덴 왕궁도 몹시 웅장했다. 방이 608개에 달한다고 하니 가히 이곳을 북유럽을 대표하는 왕궁이라 부를 만했다. 여행 전에 스칸디나비아를 유럽 문화의 변방으로 여겼던 나의 무지함을 반성하게 되는 순간이었다.

이곳에서는 핀란드에서 보기 힘들었던 중세 북유럽의 흔적도 발견할 수 있었다. 현재의 스웨덴 왕궁 건물은 1679년의 대화재 이후 다시 건립된 것으로 왕궁 지하에 있는 트레 크로노르 박물관Tre Kronor Museum에서는 13세기 왕궁의 유구와 더불어 대화재 당시 성채에서 간신히 구해낸 유물들을 만나 볼 수 있다.

다양한 공간과 수많은 소장품으로 채워져 있지만, 정작 스웨덴 왕궁에 오고 싶었던 진짜 이유는 이곳에 살았던 누군가의 흔적을 찾고 싶어서였다. 왕궁 내부로 걸음을 옮겨 의전을 위한 공간에 들어서자 높은 캐노피 아래 화려하지만, 어딘가 조금 외로워 보이는 의자 하나가 보였다. 고귀하게 반짝이는 이 은빛 왕좌는 한때 스웨덴의 어느 고귀한 여성의 것이었다.

20세기 이후 북유럽의 국가에서는 여성 지도자들이 나타나기 시작했다. 아이슬란드, 노르웨이, 핀란드, 덴마크에서는 여성 총리와 대통령이 선출되기도 했는데 유독 스웨덴에서는 잠잠한 상태다. 하지만 이미 수 세기 전 스웨덴에서는 북유럽에서 가장 진취적이었

스웨덴 왕궁

던 여성 지도자가 있었으니, 바로 17세기에 스웨덴 왕국을 다스렸던 크리스티나 여왕이다.

크리스티나 여왕은 부친인 구스타프 2세의 갑작스러운 죽음으로 인해 어린 나이에 왕위에 올랐다. 열 살도 되지 않은 앳된 여왕은 집권 초기에 다섯 명의 섭정과 함께 정무를 보게 되었다. 다행스럽게도 그녀는 총명하면서도 몹시 근면해서 스웨덴을 이끌어 갈 여왕으로서의 면모를 빠르게 갖춰 나갔다.

열여덟 살이 되던 1644년에 크리스티나는 섭정에서 벗어나 드디어 왕위에 올랐다. 당시 스웨덴은 긴 전쟁을 치르고 있었는데, 그녀는 전쟁이 빠르게 마무리되도록 유도하여 국민의 재정적 부담을 덜어 주고자 했다. 당시 스웨덴은 군사 강국으로서 입지를 다졌지만, 문화 수준은 서유럽 국가에 못 미쳤다. 크리스티나는 뒤처져 있던 문화예술 산업에 대한 투자와 지원을 아끼지 않았고, 스웨덴 최초의 신문을 발간하고 대학을 설립하는 등 문화 강국 스웨덴을 만들기 위해 부단히 노력했다.

크리스티나 여왕은 학구열이 높기로도 유명했다. 그녀는 당시 저명한 철학자인 데카르트에 심취해 있어 여러 차례에 걸쳐 그를 초청하기도 했다. 데카르트는 여왕의 끈질긴 권유 끝에 마침내 스톡홀름으로 이동해 여왕의 철학 교사가 되었는데, 그의 선택은 불행의 단초가 되었다.

여왕은 매일 새벽 5시에 강의를 듣고 싶어 했다. 몸이 약했던 데카르트는 스톡홀름의 혹독한 추위에 시달리며 강의를 준비해야 했고, 반복되는 고된 일정을 소화하지 못해 결국 폐렴에 걸렸다. 끝내 병세가 호전되지 못해 그는 결국 다음 해인 1650년에 이곳 스톡홀름에서 생을 마치고 말았다. 근대 철학의 창시자 데카르트가 세상과 서둘러 이별한 데에는 이렇듯 여왕의 뜨거운 학구열이 한몫했다.

크리스티나 여왕

크리스티나 여왕의 인생 중 가장 드라마틱한 순간은 그 후에 찾아왔다. 그녀는 스웨덴의 국교인 루터교보다 덜 엄격한 가톨릭 교리가 자신에게 더 잘 맞는다고 생각했다. 하지만 다소 위험한 고민이었다. 스웨덴 왕위를 유지하기 위해서는 루터교를 계속 믿어야 했고, 가톨릭으로 개종하기 위해서는 국왕으로서의 모든 권리를 포기해야 했기 때문이다. 결국, 1654년에 갑작스러운 퇴위 선언을 했다. 그녀의 나이 겨우 스물여덟에 일어난 일이었다.

퇴위 후 그녀는 자신의 행복을 찾아 곧장 로마 바티칸으로 향했다. 그녀의 파격적인 행동 때문에 한때 부정적인 유언비어가 떠돌기도 했지만, 그녀가 바티칸에 도착했을 때 교황이 직접 맞이할 정도로 크리스티나는 성대한 환영을 받았다.

개인의 행복을 찾아 과감한 선택을 단행했던 크리스티나 여왕은 당대의 사람들에게 무척이나 신선하고 흥미로운 존재였다. 특히 로마인들은 여왕이 로마에 머물렀던 시절을 '크리스티나의 17세기'라고 일컬었는데, 그 단어 속에서 젊은 여왕을 바라보았던 그들의 관심을 읽을 수 있다.

홀로 남겨진 은빛 왕좌를 종이에 담았다. 그녀는 10년이라는 짧은 재위 기간 동안 국민의 평화와 안정을 위해 힘썼고, 자신의 행복을 위해 과감히 권력을 던져 버린 당찬 여성이었다.

*

다시 떠오른 바사 시대의 영광

골목을 빠져나와 감라스탄의 동쪽 해안에 닿았다. 물빛은 무척 푸르렀지만, 주위를 둘러싼 크고 작은 섬 덕분에 여러 갈래로 갈라져 마치 내륙의 깊은 강이나 호수처럼 보이기도 했다. 근처에 있는 선착장에서 82번 페리에 탑승했다. 스톡홀름을 여행하는 사람이라면 놓치지 말아야 할 박물관을 찾아가는 중이었다.

선착장에서 출발한 페리는 거침없이 동쪽으로 나아갔다. 진행 방향의 왼쪽으로 스톡홀름을 이루고 있는 몇 개의 작은 섬들이 스쳐 지나갔다. 박물관으로 가는 내내 완벽한 날씨 때문에 들뜬 마음을 억누르기 힘들었다. 멀리 떠 있는 구름의 하얀 경계가 유난히 선명하게 보였다. 북유럽 최대의 도시임에도 불구하고, 스톡홀름의 공기는 무척이나 깨끗하고 투명했다.

감라스탄에서 유고르덴 선착장까지는 배로 15분 정도 소요되었다.

바사 박물관

바사호

선착장에 내려 해안선을 따라 걸음을 옮기다 보니 저 멀리 독특한 외모의 건물 하나가 시야에 들어왔다. 지붕 위로 툭 튀어나와 있는 세 개의 돛이 인상적인 그곳. 스웨덴에서 가장 오래된 전함을 만날 수 있는 바사 박물관이 그곳에 있었다.

티켓팅을 마치고 건물 안으로 들어서자마자 입을 다물 수가 없었다. 카메라의 화각 안에 담을 수 없을 정도로 거대한 17세기의 전함이 웅장한 자태로 관람객을 기다리고 있었다. 지금 당장 두 번째 항해를 시작해도 되겠다는 생각이 들 정도로 잘 복원된 전함의 모습은 놀라움을 넘어 충격적이었다.

비운의 전함 바사는 지금으로부터 약 400년 전인 1625년에 네덜란드 출신의 조선사 헨릭 히버트슨의 감독하에 건조되었다. 당시 강한 해군을 육성하고자 했던 스웨덴 왕국은 역사상 가장 강력한 군함을 만들길 원했는데, 그 바람은 결국 꼭대기에서 용골까지의 높이가 52미터, 뱃머리에서 선미까지의 길이가 69미터, 무게가 1,200톤에 육박하는 거대한 전함을 탄생시켰다.

배를 완성하기까지 약 2년의 걸렸고, 1628년 8월 10일에 그토록 기다리던 진수식이 진행되었다. 하지만 불운은 바사호가 항구를 떠난 직후에 찾아왔다. 갑자기 일어난 돌풍에 전함이 기울기 시작하더니 열린 포문 사이로 물이 스며들어 순식간에 침몰하고 말았다. 침몰의 원인은 여러 가지가 있지만, 원래의 설계를 변경한 것이 치명적인 요인이었다. 배의 선루를 높이고 상하층의 포열 갑판에 24파운드 함포를 배치함으로써 상부 하중이 커져 배의 균형을 유지할 수 없게 된 것이다.

바사호는 당시 스웨덴의 숙적이던 폴란드를 향해 출정할 예정이었지만, 원대한 계획은 더 크고 더 많은 대포를 싣고자 했던 국왕의 욕심에 의해 물거품이 되었다. 영광 속에서 건조된 거대한 전함은 허무하게도 짧디짧은 첫 항해를 끝으로 수십 명의 희생자와 함께 심연에 잠들었다.

바닷속에 잠들어 있던 바사호는 오랜 세월이 흘러 1961년이 되어서야 비로소 다시 빛을 보게 되었다. 해양고고학자인 안데스 프란첸Anders Franzén에 의해 인양되기까지 무려 333년의 세월을 해저에서 보낸 셈이다. 성공적인 인양 후 원형을 보존하기 위해 여러 가지 조치가 취해졌고, 95퍼센트 이상 복원을 마친 후 전함의 이름을 딴 지금의 바사 박물관에 머물게 되었다.

박물관은 바사호를 마치 둥지처럼 감싸고 있는데 7층으로 이루어져 있어 바사호를 다양한 높이에서 바라볼 수 있다. 각 층에서는 발굴 과정에서 발견된 14,000개 이상의 목조품과 700여 개의 조각상은 물론 선원들의 유골과 소지품, 배의 장비 등을 함께 둘러볼 수 있다. 선박의 인양과 복원 과정을 설명하는 공간도 마련되어 있어서 지루할 틈이 없었다.

현대의 기술력으로 다시 떠오른 바사 시대의 영광. 바사 박물관은 자신감 넘치는 스웨덴을 만나볼 수 있는 멋진 공간이다. 관람 시간이 임박하는 바람에 마음이 조금 급해졌다. 펜 한 자루로 17세기 스웨덴의 흔적을 종이에 담았다.

스웨덴의 과거 여행, 스칸센

유고르덴섬에 있는 스칸센Skansen은 1891년에 개관하였다. 아담한 입구를 보면 그리 규모가 커 보이지 않지만, 유럽 최대 규모의 야외 박물관이자 동물원이다. 스웨덴의 지역별, 시대별 민속 문화를 담아낸 건축물과 생활양식 등을 볼 수 있으며 북유럽을 대표하는 동물인 무스, 순록, 붉은여우, 늑대, 울버린 등을 볼 수 있다. 매년 130만 명 이상의 관광객이 찾고 있는 스톡홀름의 명소 중 하나다.

이곳에 전시된 건축물들은 산업화 이전, 스웨덴 각 지방의 생활상을 생생히 재현하는 것이 목적이었기 때문에 각 지방의 특성이 잘 드러나 있는 건물을 매입한 후 조립해서 지금의 위치에 전시하는 방식을 택했다. 건물의 내부도 고증에 의해 엄격히 복원했으며, 민속 의상을 입은 직원이 당시의 작업 환경을 직접 실연하고 있다.

✳

조각가의 정원

캄캄한 지하 구간이 끝나자 어둡던 객차 안이 환하게 밝아졌다. 스톡홀름을 남북으로 관통하는 13번 지하철이 오랜만에 환한 햇빛을 마주하는 순간이었다. 조용하던 차내로 차분한 말투의 안내 방송이 울려 퍼졌다. 열차가 이 노선의 종점인 롭스텐역에 도착한다는 내용이었다.

속력을 줄여가던 지하철은 낯선 풍경 속에 멈춰 섰다. 창밖으로 여름 바다가 반짝이고 있었고, 그 너머에는 숲 사이로 고급 빌라들이 들어서 있는 키 낮은 섬 하나가 보였다. 오늘의 목적지인 리딩외Lidingö가 거기에 있었다.

스톡홀름 동쪽 경계에 맞닿아 있는 리딩외는 전체 면적이 51.05제곱킬로미터로 울릉도보다 약간 작은 섬이다. 스톡홀름과는 좁은 해협을 사이에 두고 있는데, 두 지역은 다리로 연결되어 있어 버스나 전철 등을 이용해 쉽게 다녀올 수 있다. 롭스텐역에서 경전철인 리딩외바난Lidingöbanan으로 환승하여 섬 안으로 들어갔다.

스톡홀름을 벗어나 굳이 리딩외를 찾아온 이유는 지금은 세상을 떠난 조각가 칼 밀레스Carl Milles의 흔적을 찾아보기 위해서였다. 스웨덴 웁살라 지방 출신인 밀레스는 생동감 넘치는 야성적인 작품으로 잘 알려진 세계적인 조각가다. 파리 유학 시절에 우리에게 친숙한 조각가 로댕의 조수로 일하며 유명해지기 시작했다. 미국으

밀레스 조각 정원

로 건너가 그곳에서 전성기를 구가했고, 말년에는 다시 스웨덴으로 돌아와 이곳 리딩외에서 생을 마쳤다. 해외 유학을 마치고 돌아온 칼 밀레스는 경제적으로 안정이 되자 고대 로마 조각품을 중심으로 자신만의 컬렉션을 늘린다. 결국 200개가 넘는 조각품이 모였고, 북유럽에서 가장 큰 컬렉션이 된다. 아내와 함께 살았던 집과 조각들로 꾸며진 아름다운 정원, 그곳이 바로 밀레스 조각 공원Millesgården이다.

정류장이 마을 외곽에 있는 바람에 밀레스 조각 공원으로 가기 위해서는 경전철에서 내려 마을 안 골목길을 10여 분 정도 걸어가야 했다. 가파른 비탈길을 올라가느라 금세 숨이 차올랐다. 발걸음을 옮기다 문득 주위를 둘러보니, 짙은 녹지와 함께 깔끔한 외모의 빌라들이 들어서 있었다. 구시가지와는 사뭇 다른 전형적인 신흥 부촌의 모습이었다.

돌로 만들어진 정겨운 담장 옆을 걷다 보니 밀레스 조각 공원의 입구인 작은 철제 대문이 나타났다. 대문 앞에는 입장을 기다리고 있던 서너 명의 사람이 서 있었는데, 마침 오픈 시각인 오전 11시에 딱 맞춰 도착해서 기다림 없이 함께 입장할 수 있었다.

이곳에 밀레스 부부가 살았던 집과 작업 공간이 남아 있었다. 메인 건물 1층의 흥미로운 기획전에도 관심이 갔지만, 이곳의 하이라이트는 단연코 칼 밀레스의 작품들로 가득 채워진 조각 정원이었다.

탁 트인 하늘 아래 제우스나 포세이돈, 페가수스 등 신화적 존재들이 화려한 군무를 추고 있었다. 이곳의 조각상들은 하늘을 배경으로 감상하도록 만들어졌다고 하는데, 자연과 어우러진 군상의 모습은 장엄한 신화의 한 장면처럼 느껴졌다.

조각 정원의 테라스는 조각들의 배경이자 스톡홀름을 한눈에 바라볼 수 있는 훌륭한 전망대이다. 여름 햇살에 반짝이는 바다 위로 대형 크루즈가 정박해 있는 모습이 비현실적으로 아름다웠다.

밀레스의 작품들은 저마다의 매력이 넘쳤지만, 그중에서도 유독 〈신의 손〉이라는 조각에 사로잡혔다. 하늘을 향해 펼친 커다란 손 위에 벌거벗은 인간상이 놓여 있었다.

작품 속의 인간은 전지전능한 신의 손 위에 있는 한낱 작고 미약한 존재에 불과했지만 더 높은 하늘을 응시하는 모습이 인상적이었다. 작가는 현재에 안주하지 않고 더 나은 삶을 위해 끊임없이 탐구하고 노력하는 것이 인간의 본성이라는 이야기를 하고 싶었던 것일까.

아픈 다리를 쉬어 갈 겸 근처 벤치에 걸터앉아 밀레스의 작품을 종이에 옮겨 보았다. 콧수염이 희끗한 여행자가 그림이 완성되는 과정을 지켜보다 떠났다. 30분 정도의 짧은 시간이었지만, 관찰하고 기록하는 고요한 시간 속에서 나 또한 아름다운 정원의 일부가 되었다.

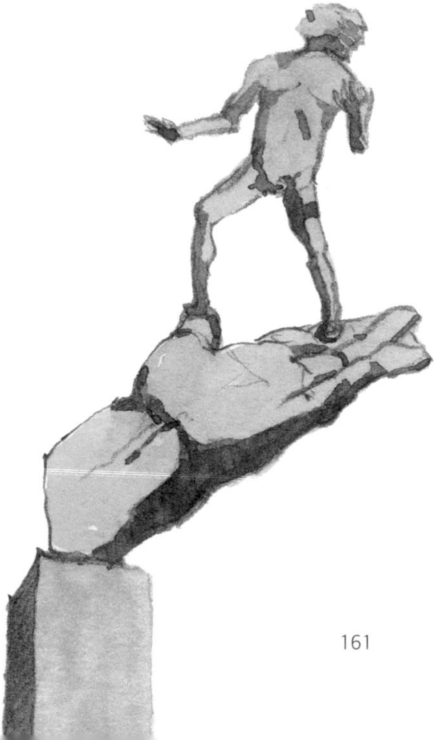

✳

고요한 지성의 도시 웁살라

북유럽 여행을 처음 계획할 때에는 꿈이 거창했다. 스웨덴 중부에서 출발해 북극권까지 이어지는 관광 철도인 인란스바난Inlandsbanan을 이용해 스웨덴의 자연을 만끽한 다음 노르웨이로 넘어가는 것이 초기의 계획이었다. 하지만 시간과 비용의 제약으로 인해 스웨덴에서는 짧게 6일을 머무는 것으로 변경되었고, 자연스럽게 스톡홀름 위주의 여행으로 변경되었다. 그래도 하루쯤은 스톡홀름을 떠나 다른 도시를 경험해 보고 싶었는데, 고민 끝에 생각해 낸 대안이 스톡홀름 북서쪽 65킬로미터 지점에 위치한 도시 웁살라Uppsala로 당일치기 여행을 다녀오는 것이었다.

웁살라는 스톡홀름에서 기차로 1시간 30분이면 도착할 수 있었다. 거주인구가 약 20만 명인 작은 도시이지만, 스톡홀름이 수도가 되기 전까지 스웨덴의 수도로써 경제, 학술 그리고 종교의 중심지 역할을 한 유서 깊은 지역이다. 11세기에 기독교의 스웨덴 전파를 거

웨인스 커피

부하며 항전했던 스베아인들의 고향이자, 고대 스칸디나비아 전설에 따르면 스웨덴의 고대왕국인 윙링 왕조의 본거지이기도 하다. 우리나라의 경주 같은 위상을 가진 곳이라 할 수 있다.

역 앞 광장으로 나와 뒤를 돌아보니, 구역사와 신역사가 마치 과거와 현재의 웁살라를 상징하듯 나란히 서 있었다. 거리에 쏟아지는 8월의 햇살은 꽤 강렬했지만, 선선한 공기 덕분에 뜨겁다기보다는 따사롭게 느껴졌다. 신기하게도 역 인근의 상업지구에서는 스타벅스 매장을 좀처럼 발견할 수 없었다. 대신에 스웨덴의 양대 프랜차이즈 커피 브랜드인 '에스프레소 하우스'와 '웨인스 커피' 매장을

웁살라 대학교

심심찮게 볼 수 있었다. 스웨덴 사람들의 현지 브랜드를 향한 애정을 확인하는 순간이었다.

서남쪽으로 걸음을 옮기다 보니 피리스강이 나타났다. 미안한 말이지만, 강폭이 워낙 좁아 작은 개울이라고 부르는 것이 더 어울렸다. 강 건너편의 건물들은 신축된 상업지구와는 사뭇 다른 차분한 외모를 하고 있는데, 이것은 웁살라 대학교의 부속 시설들이었다. 웁살라 대학교는 1477년에 설립된 스칸디나비아에서 가장 오래된 대학교이며, 이곳의 학생과 교수 가운데 8명이 노벨상을 수상했을 정도로 유럽에서 가장 명망 높은 캠퍼스로 손꼽힌다.

대학의 크기도 크지만 건물들이 도시 여기저기에 흩어져 있어서 마을과 학교의 경계를 가늠하기가 어려웠다. 웬일인지 대학교 근처에서 학생들의 모습을 보기가 힘들었는데, 곰곰이 생각해 보니 방문한 시기가 여름 방학 기간이었다. 웁살라 인구의 15퍼센트가 대학생이고 주민의 상당수가 학교에 종사하거나 관련 있는 일을 하고 있어서 학생들이 없는 방학 시즌이 되면 도시는 짧은 잠에 빠져든다고 한다. 8월이 북유럽 여행의 성수기임에도 불구하고 이곳의 거리가 한산해 보이는 데는 이유가 있었다.

작은 언덕 위로 웁살라 대학의 중앙도서관인 카롤리나 레디비바 Carolina Rediviva의 모습이 보였다. 15세기부터 전해지는 고서적 수만

카롤리나 레디비바

대강당 입구의 경구

권을 포함하여 500만 권의 장서를 보관한 곳으로, 학생뿐만 아니라 시민의 일상을 풍요롭게 하는 공간이기도 하다. 방문객들도 볼 수 있게 되어 있는데 열람실을 둘러보기에 앞서 보관함에 겉옷과 가방을 모두 넣어야 했다. 많지는 않지만 진중한 표정으로 공부하는 학생들의 모습이 보였다. 그들에게 혹여나 방해가 될까 봐 발걸음이 저절로 조심스러워졌다.

웁살라 대학교 탐방의 마지막 일정은 본관 건물을 둘러보는 것이었다. 도서관에서 걸어 5분 거리에 고풍스러운 외모의 본관 건물이 서 있었다. 본관 건물 1층에 있는 대강당의 우아한 모습도 좋았지만, 무엇보다 인상적이었던 것은 대강당 입구에 쓰인 경구였다.

> "Tänka fritt är stort men tänka rätt är större(자유로운 사고는 위대하다, 그러나 올바른 사고는 더 위대하다)."

우리는 누군가를 짓밟고 만들어진 승리에 죄책감을 못 느끼는 것은 아닐까. 이기심에 지배당하지 않는 학문을 하겠다는 스웨덴인의 다짐에 마음 한구석이 따뜻해졌다.

*

웁살라 성과 대성당

웁살라에는 높은 산이 없다. 넓고 평탄한 지형 위에 피리스강이 흐르고, 강을 사이에 두고 동서쪽으로 웁살라의 도심이 형성되었다. 강의 서쪽에는 산이라고 하기에는 무척 낮은 구릉지가 있는데, 그 위에 웁살라 성이 있다.

성까지 가는 길은 무척 완만해서 산책하듯 가볍게 올라갈 수 있었다. 성벽은 핑크빛으로 발랄했지만, 요새를 연상시키는 다소 투박한 외관의 성이었다. 웁살라 성은 스웨덴의 부흥기를 이끌었던 구스타브 바사에 의해 1549년에 지어졌다. 그는 덴마크와의 오랜 전쟁 끝에 1523년에 스웨덴의 새로운 군왕으로 즉위하였고, 이 성은 스톡홀름으로 수도를 옮기기 전까지 왕실의 거주지로 사용되

웁살라 성

거닐라 벨

었다. 1654년에는 가톨릭으로 개종하며 왕위를 포기했던 크리스티나 여왕의 퇴위식이 이곳에서 열리기도 했다. 현재는 미술관, 박물관 등으로 사용되고 있다.

성 앞에는 주춧돌 위에 나무 기둥으로 세운 다소 원시적인 느낌의 구조물 하나가 서 있었다. 칙칙하고 무뚝뚝한 외모 때문에 전혀 예상하지 못했지만, 거닐라 벨Gunilla Bell이라는 이름을 가진 종鐘이었다. 스웨덴에서는 1년에 한 번 4월 30일에 겨울이 끝나고 봄을 맞이하는 '발보리Valborg'라는 큰 축제가 열린다. 스웨덴과 같이 겨울이 긴 국가는 봄맞이 축제를 성대하게 하는데, 이날이 되면 사람들은 함께 술을 마시며 다가올 여름을 예찬한다. 발보리가 시작되는 날에 웁살라 대학교의 학생들은 이 거닐라 벨을 요란하게 울리며 축제의 시작을 알린다.

거닐라 벨 너머로 펼쳐진 웁살라 시내의 모습이 정겨웠다. 풍경 속에서 유난히 높게 솟아 있는 두 개의 붉은 첨탑을 발견할 수 있었다. 스칸디나비아 최대 규모의 성당인 웁살라 대성당이었다.

웁살라 대성당은 멀리에서도 존재감이 상당하지만, 가까이에서 보니 더욱 높고 거대했다. 사진을 찍으려면 차라리 바닥에 드러눕는 것이 나을 것 같았다. 이 성당은 1260년 건축되기 시작해 1435년이 되기까지 무려 175년 동안 지어진 것으로 유명하며, 성당 공사

웁살라 대성당

를 위해 파리 노트르담 성당 건축에 동원되었던 석공들이 대거 참여하였다. 성당의 규모에 비해 실내는 의외로 화려하지 않고, 절제된 차분함이 있었다. 하지만 바닥에서 천장까지의 높이가 무척 높아 저절로 경외심이 생겨나는 듯했다.

성당 안에는 푸른 두건을 쓴 중년의 여인이 서 있었다. 미동도 하지 않고 어딘가를 하염없이 바라보는 모습이 인상적이었는데, 가까이 다가갔다가 깜짝 놀랐다. 자세히 보니 사람이 아니라 정교하게 만들어진 실물 크기의 밀랍인형이었다. 성모 마리아를 형상화한 이 인형은 2004년부터 이곳에 놓여 있었다고 한다.

성모의 시선은 성당 안의 한 예배당의 천장을 향하고 있었다. 이 예배당은 성당 건축 초기에 성모 마리아에게 봉헌되었다가 이후 바사 왕가의 예배당으로 개조된 곳이었다. 개조되기 이전의 모습을 유일하게 유지하고 있는 부분이 바로 예배당의 천장인데, 그곳에는 성모 마리아의 상징인 파란 하늘과 별로 장식되어 있었다.

중세 시대에는 성당은 권력자의 무덤으로도 사용되기도 했다. 이곳에는 구스타프 바사왕과 그의 두 아내가 함께 잠들어 있는 화려한 석관을 만날 수 있었다. 그러던 와중에 성당의 바닥을 살펴보다 의외의 이름을 찾을 수 있었다. 다름 아닌 웁살라 출신의 식물학자 칼 폰 린네Carl Von Linne의 무덤이었다. 그는 오늘날 모든 생물을 자신이 속한 속과 종의 이름을 학명으로 갖게 하는 생물 분류법인 '이명법'의 기초를 마련한 식물학자다. 스웨덴의 종교적 상징인 웁살라 대성당에 린네의 무덤을 만들어 놓은 것은 의외였다. 학문을 숭상하는 스웨덴 사람들의 가치관을 다시 한번 읽을 수 있었다.

문득 어디에선가 음악 소리가 들려왔다. 운 좋게도 성당 한편에서 아담한 체구의 중년 남성이 오르간을 연주하고 있었다. 나무로 만든 신도석에 앉아 잠시 연주를 감상했다. 작은 크기의 오르간이었지만, 풍부하고 몽환적인 음색이 아름다웠다. 하루 만에 웁살라를 돌아보느라 얻은 피곤함이 순식간에 녹아내리는 듯했다.

03

Norway

신화와 피오르의 나라로

오늘은 하나의 도시 그리고 하나의 국가와 작별해야 하는 날. 눈을 뜨자마자 숙소 한구석에 나뒹굴고 있던 배낭을 들어 짐을 꾸렸다. 목적지인 노르웨이의 오슬로까지는 기차를 이용할 예정이어서 서늘한 아침 공기를 뚫고, 다시 한번 스톡홀름 중앙역으로 향했다. 목덜미에 와닿는 따스한 햇볕 한 줌이 소중하게 느껴졌다.

오슬로행 기차가 플랫폼에 도착해 있었다. 탑승을 위해 객차 입구에 다가서니 바로 앞에서 커다란 캐리어를 들고 기차에 오르는 사람이 보였다. 어깨까지 오는 반짝이는 금발에 20대 중반쯤 되어 보이는 여성이었는데, 캐리어에는 작은 노르웨이 국기가 붙어 있었다. 짐을 옮기는 모습이 왠지 힘겨워 보여 도와주겠다고 하니 의외의 반응이 돌아왔다.

"Oh, I can handle it myself. Thank you."

그랬다. 가까이에서 보니 그녀는 나보다 키가 한 뼘이나 더 컸다.

노르웨이는 세계에서 양성평등이 가장 잘 정착된 나라다. 2003년에 공공기관 임원의 40퍼센트를 여성으로 정하는 '여성임원할당제'를 세계 최초로 도입하였으며, 법 개정을 통해 지난 2016년부터는 유럽 국가 중 최초로 여성 징병제를 실시하고 있다. 노르웨이의 첫 여성 총리는 1981년에 당선된 그로 할렘 브룬틀란Gro Harlem Brundtland인데, 그 후 두 차례나 더 당선되며 강력한 여성 리더십을 보여 주었다. 2013년에 당선된 현 노르웨이 총리인 에르나 솔베르그Erna Solberg 역시 여성 정치인이라는 점을 생각한다면, '총리가 되려면 우선 여성이 되어라'라는 노르웨이 사람들의 우스갯소리가 결코 가볍게 들리지 않는다.

노르웨이는 빙하와 피오르, 높은 산지로 이루어져 국토의 오직 3퍼센트만이 경작지로 활용할 수 있기 때문에 농업보다는 해운업과 어업이 발전했다. 특히 연어는 차가운 해수에서 양식이 가능한데, 세계 최대 연어 양식국인 노르웨이는 연어 수출로 한 해에 약 6조 원을 벌어들이고 있다.

그로 할렘 브룬틀란

그런가 하면 노르웨이는 여러 영화와 소설의 소재로 쓰였으며 우리에게 친숙해진 북유럽 신화의 발원지이기도 하다. 스칸디나비아 반도는 유럽의 다른 지방에 비해 몇 세기 늦게 그리스도교가 전파되는 바람에 지역의 정서와 문화를 반영하는 옛이야기가 후세에 무사히 전달될 수 있었다. 이렇게 살아남은 북유럽 신화의 흥미로운 이야기들은 이후 리하르트 바그너의 악극 〈니벨룽겐의 반지〉와 J.R.R. 톨킨의 『반지의 제왕』 그리고 마블코믹스의 〈토르〉 시리즈 등에 큰 영향을 미쳤다.

5시간 동안 드넓은 초원과 구릉지를 달리던 기차가 조금씩 속력을 늦추기 시작했다. 목적지인 오슬로에 가까워지고 있다는 뜻이었다. 신화와 피오르의 나라 노르웨이에 도착한다는 생각에 심장이 뛰었다. 이번 북유럽 여행의 하이라이트가 이제 막 시작하려고 했다.

투명한 바이킹의 도시

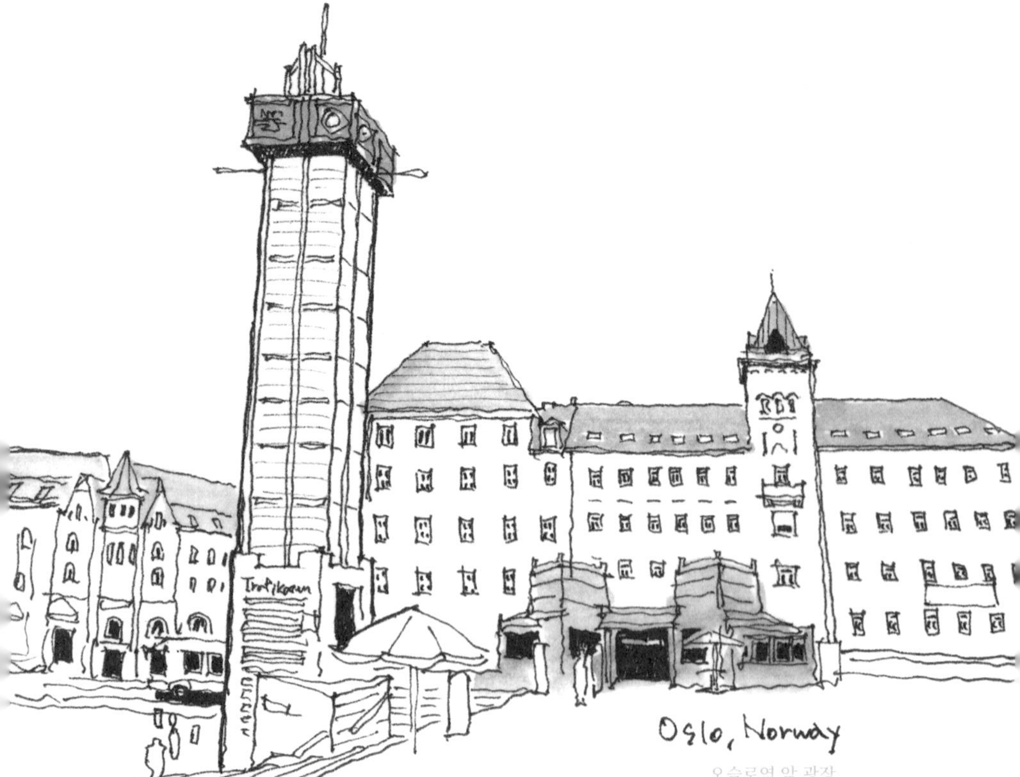

오슬로역 앞 광장

오슬로는 1049년에 바이킹의 왕 하랄 하드라다Harald Hardrada가 건설한 도시다. 한때 덴마크의 지배를 받으며 덴마크의 왕 크리스티안 4세에 의해 크리스티아니아라고 불리기도 했으나, 1924년에 옛 이름인 오슬로로 복귀되어 지금까지 유지하고 있다.

중앙역 광장으로 나서자, 바이킹의 도시 오슬로의 풍경이 눈앞에 펼쳐졌다. 광장을 둘러싼 건물들은 비교적 근래에 지어진 듯 말끔한 외모였다. 건물의 층고가 그리 높지 않아 도심의 모습은 현대적이면서도 절제된 차분함이 있었다.

오랜 이동으로 인해 조금 지쳤지만, 쾌청한 날씨는 큰 위로가 되었다. 공기가 얼마나 깨끗한지 파란 하늘 아래 저 멀리 흩어져 있는 건물들의 모습도 무척 선명하게 보였다. 노르웨이에서 가장 번화한 도시임에도 불구하고, 오슬로의 공기는 시리다는 표현이 어울릴 정도로 맑고 투명했다.

예약해 두었던 호스텔에 무거운 짐을 내려놓자마자 가장 먼저 노르웨이 국립미술관을 찾아갔다. 묵직한 붉은 벽돌로 마감된 외모가 무척 고풍스러운 이 미술관은 피카소, 르누아르, 세잔, 드가, 뭉크 등 우리에게 친숙한 거장들의 작품이 대거 전시되어 있기로 유명하다. 전시실 내에서 피카소와 더불어 입체파를 창시하고 발전시킨 화가 조르주 브라크Georges Braque의 작품도 찾아볼 수 있다. 세계에 7개의 복제품이 있다고 알려진 로댕의 〈생각하는 사람〉의 작품 하나도 이곳에서 만날 수 있었다.

하지만 누가 뭐라고 해도 이곳에서 가장 인기 있고, 항상 많은 관람객으로 붐비는 곳은 단연 노르웨이 출신의 표현주의 화가 에드바르트 뭉크Edvard Munch의 작품들을 전시하고 있는 뭉크관이었다. 사진으로만 볼 수 있었던 〈절규〉 〈마돈나〉 〈생명의 춤〉 등의 대표작들이 관람객을 기다리고 있었다. 뭉크의 그림 앞에서 작가의 생애를 관통했던 강렬한 환희와 신경질적인 공포, 아득한 절망의 감정을 잠시나마 느껴볼 수 있었다.

국립미술관에서 멀지 않은 곳에는 노르웨이 왕궁이 있다. 입헌군주제 국가인 노르웨이에는 지금도 국왕이 존재하는데, 노르웨이 왕궁은 국왕의 공식 관저로 사용되고 있다.

작은 언덕을 올라 도착한 노르웨이 왕궁은 다른 유럽 국가들보다 비교적 소박하고 아담했다. 외벽의 색상마저 밝은 노란색이라 어딘지 모르게 귀여운 느낌이 들기도 했다. 2002년에 개방된 왕궁의 곳곳에서 한가로운 일상을 즐기는 오슬로 시민들을 만날 수 있었다. 왕궁을 권위의 상징으로 남기지 않고, 시민을 위한 친근한 휴식의 공간으로 활용하는 모습 속에서 수평적 관계를 지향하는 노르웨이인의 가치관이 보이는 듯했다.

여전히 하늘은 밝았지만, 시각은 어느덧 저녁 일곱 시를 넘어가고 있었다. 마지막 일정을 소화하기 위해 오슬로 최대의 번화가인 칼 요한스 거리를 지나 아케르스후스 요새Akershus Festning로 걸어갔다.

아케르스후스 요새는 바이킹의 왕 호콘 5세가 1299년에 건립하기 시작한 것으로, 중세에 노르웨이 왕이 머물던 성이자 요새다. 오슬로 항구 동쪽 언덕 위에 세워진 까닭에 항구와 도시의 풍경을 한눈에 조망할 수 있어 오슬로를 찾은 여행자들은 꼭 한번 방문하는 곳이다.

요새의 가장 높은 성벽에는 한때 오슬로를 방어하던 시설인 포대가 그대로 남아 있었다. 바다에 부딪히는 여름 햇살이 너무 눈부셔 실눈을 떠야 했지만, 포대 위에 올라서니 아름다운 오슬로 항구와 도심의 풍경이 시원스럽게 펼쳐졌다. 그대로 남쪽으로 시선을 돌리니 육지 사이로 길게 뻗어있는 푸르른 오슬로피오르가 보였다.

저녁 햇살로 반짝이는 오슬로는 아름다웠다. 바이킹의 요새 위에서 지지 않는 여름의 태양을 바라보며, 그렇게 노르웨이에서의 첫날을 마무리했다.

아케르스후스 요새

오슬로 항

✳

노벨의 정원

노르웨이는 세계에서 물가가 비싼 나라 중 하나다. 간단히 아침 겸 점심을 해결하려 방문한 맥도널드 매장에서 오슬로의 살인적인 물가를 체감할 수 있었다. 한국에서 6,000원에 구매할 수 있는 햄버거 세트가 만 원 초반대라는 사실은 가뜩이나 강하지 않은 구매 의욕을 떨어뜨리기에 충분했다.

오슬로는 12월 10일이 되면 매년 노벨평화상을 시상한다. 총 6개 부문의 노벨상의 시상 중 5개는 스톡홀름에서 진행되는데, 평화상만큼은 노르웨이 노벨위원회에서 별도로 선정하여 발표하는 과정을 거치고 있다.

노벨평화상을 오슬로에서 발표하는 정확한 이유는 노벨이 생전에 남긴 이야기가 없어 확실히 알 수는 없지만, 당시의 시대상을 근거로 추측해 볼 수 있다. 19세기 말에는 스웨덴과 노르웨이가 연합국

Oslo city hall

오슬로 시청사

상태였기 때문에 양국 간 긴장 완화를 위해 스웨덴이 평화상 부문을 노르웨이에 양보했다는 의견이 있는가 하면, 당시 노르웨이가 독립적인 외교를 할 수 없는 상황이었기 때문에, 평화상을 선정하는 데 오히려 객관성이 보장되었다는 의견도 있다.

오늘의 첫 목적지인 오슬로 시청사로 가기 위해 트램에 탑승했다. 찾아가는 방법은 그리 어렵지 않았다. 오슬로 항구 근처에 내리자마자 붉은 벽돌로 이루어진 육중한 시청사의 모습이 한눈에 들어왔기 때문이다.

건물 입구에서는 북유럽 신화에 등장하는 신들의 모습이 부조로 표현되어 있었다. 단연 눈에 띄는 것은 염소 달구지를 타고 있는 천둥의 신 토르였다. 토르의 표정은 심각했지만, 마블 시리즈에 등장하는 모습에 비해 왜소한 외모와 1000원 숍에서 구입한 듯 다소 저렴해 보이는 묠니르 때문에 피식 웃음이 새어 나왔다.

오슬로 시청사 옆에는 전면부의 고전적인 아치가 돋보이는 건물 하나가 있었다. '전 인류의 평화'라는 숭고한 메시지를 담고 있는 이 건물은 바로 지난 2005년에 개관한 노벨평화센터였다. 건물 안에는 역대 노벨평화상 수상자들의 다양한 자료를 소장하고 있었다. 특색 있는 여러 공간 중에서도 가장 인상적이었던 것은 '노벨의 정원'이라는 방이었다. 어두운 실내에 작은 조명들이 반짝였고, 그

사이로 역대 노벨평화상 수상자들의 모습과 그들의 생애가 함께 전시되고 있었다. 김대중 대통령을 비롯해 중국의 류샤오보, 티베트의 지도자 달라이 라마의 얼굴도 이곳에서 만나볼 수 있었다.

어두운 공간 속에 환하게 빛나는 수상자들의 모습이 어둡고 냉혹한 현실 속에 피어난 아름다운 꽃처럼 느껴졌다. 누군가는 탐욕을 위해 쉽게 타인을 짓밟지만, 고통 속에서 평화의 가치를 피워내는 이들이 있기에 세상은 아직 살 만한 것이 아닐까. 노벨의 정원 속에서 영원히 반짝이는 그들처럼 나 역시 세상에 의미 있는 향기를 남기는 작은 꽃 한 송이를 피워내길 바랐다.

북방인의 배

노르웨이는 바이킹의 나라다. 바이킹은 게르만족 중에서도 덴마크와 스칸디나비아 지방의 원주민을 지칭하며 북방인이라는 의미로 노르만족이라 불리기도 한다. 그들은 8세기 말부터 11세기 말까지 전성기를 누렸고, 특유의 빠르고 민첩한 배를 이용하여 때로는 약탈자로 때로는 상인으로 활약하며 명성을 떨쳤다. 노르만족이 유럽의 바다를 장악한 그 시기를 '바이킹 시대'라고 한다.

바이킹 박물관

바이킹을 단순히 약탈자로 치부하기에는 그들이 유럽사에 남긴 족적이 너무 크다. 그들은 가깝게는 영국과 프랑스, 멀리는 흑해 연안과 북아메리카를 넘나들며 문화와 물자의 전달자 역할을 했다. 유럽 각지에 정착한 노르만족은 각 지역의 토착민과 융화되기도 했다. 잉글랜드에 정착하여 노르만 왕조를 세우는가 하면, 동쪽으로는 키예프 공국을 세워 러시아의 토대를 이루기도 했다.

노르웨이에 온 만큼 유럽의 바다를 횡행했던 바이킹의 흔적을 찾아보고 싶었다. 노벨평화센터 앞 선착장에서 오슬로 남서부에 있는 작은 반도인 비그되이Bygdøy로 가는 페리에 탑승했다. 오슬로를 떠나기 전에 꼭 한번 둘러보고 싶었던 바이킹 박물관이 그곳에 있었다. 비그되이의 선착장에 도착해 주택가 사이로 난 언덕길을 10여 분쯤 올라가니, 붉은 지붕의 박물관 건물이 보였다.

차분한 분위기의 박물관 안에는 모두 세 척의 배가 전시되어 있었다. 9~10세기 무렵에 건조된 것으로 추정되며, 한 척의 길이가 약 20여 미터가량 되어 보였다. 그중 가장 먼저 시선을 붙든 것은 오세베르그Oseberg라는 배이다. 우아한 곡선의 뱃머리와 측면에 섬세하게 새겨진 부조가 무척 아름다웠다. 오세베르그는 지금 바로 바다를 항해해도 무방할 정도로 완벽히 재현되어 있었는데, 이것은 많은 시간과 노력 속에서 정성스럽게 복원하는 과정을 거친 덕분이었다. 배를 발굴하는 작업은 3개월이 채 걸리지 않았지만, 발굴 후 목재를 건조하고 조립하여 완성하는 데 무려 21년이 걸렸다고 한다.

고크스타드Gokstad 역시 세계에서 가장 잘 보존된 바이킹 배로 유명하다. 화려하지는 않지만 선체의 곡선이 무척 날렵해 보였다. 고대 바이킹의 배는 해상에서의 전투보다는 빠른 약탈과 이동을 위해 만들어졌기 때문에 유사시에는 배를 들고 이동할 수 있을 정도로 가볍고 유연하게 만들었다.

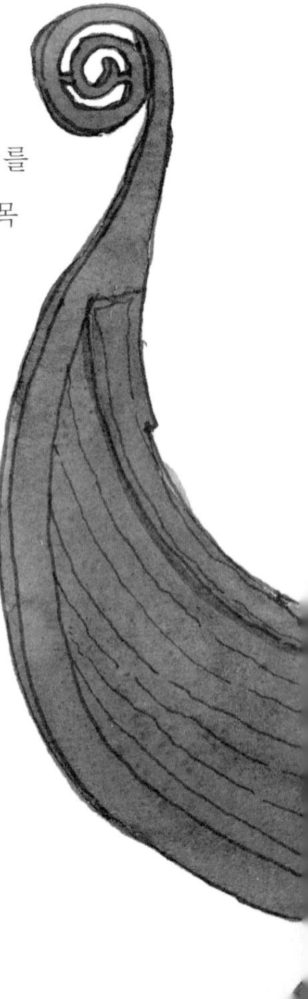

박물관 안에는 이처럼 보존 상태가 좋은 것들도 있지만, 일부 잔해만 남은 것도 볼 수 있었다. 투네Tune라는 이름의 배는 다른 두 척보다 이른 시기인 1867년에 발굴되었는데, 당시에는 현대적인 발굴 기술이 정착되기 전이라 작업하는 과정 중에 부재를 잃어버리거나 선체에 손상이 가는 일이 많았다고 한다.

Oseberg 오세베르그

바이킹에게 그들의 배는 단순한 이동 수단 그 이상의 의미를 지녔다. 척박한 환경 속에서 살아남기 위한 생존의 수단이자 용맹함의 상징이었으며, 사랑하는 가족의 품으로 돌아갈 수 있게 해주는 구명정이기도 했다. 때문에 바이킹 선박은 정치적으로 영향력 있는 사람의 무덤으로 쓰였다. 이곳에 전시된 배들 역시 생전에 강력한 힘을 가졌던 누군가의 무덤으로 사용된 것이며 배를 발굴할 당시 발견된 무덤 주인의 유골 또한 박물관에 전시되어 있었다.

시간을 쪼개어 비그되이에 오길 잘했다는 생각이 들었다. 다른 유명한 박물관에 비해 규모는 소박한 편이었지만, 이곳에서 느껴지는 바이킹의 정신은 그들의 배처럼 강인하고 격정적이었다.

노르웨이 민속박물관

비그되이에는 바이킹 박물관 이외에도 둘러볼 것들이 많은데, 그중 대표적인 것이 노르웨이 민속박물관Folk Museum이다.
1894년에 설립된 노르웨이 최대의 야외 박물관이다. 각 지역에 흩어져 있던 약 160채의 목조 가옥을 해체한 후 그대로 옮겨 놓아서 노르웨이의 전통 가옥들을 한 번에 만나볼 수 있다. 특히 약 1200년경 골Gaul에 건설되었다가 1885년에 비그되이로 옮겨진 성당인 스타브키르케Stavkirke가 가장 유명하다.
중세에서 근세에 이르기까지 노르웨이인의 생활과 문화를 접할 수 있으며 성수기인 여름에는 매시간 열리는 민속 공연을 볼 수 있다.

*

플롬으로 가는 길

평소와는 달리 조금 긴장된 마음으로 아침을 맞이했다. 노르웨이의 피오르를 처음 만나러 가는 날이기도 했지만, 기차와 버스 등 대중교통을 이용해 노르웨이 중부를 지나가는 과정이 쉽지 않을 것 같은 우려 때문이었다. 유명한 송네피오르Sognefjord를 둘러본 뒤, 내륙 깊숙한 곳에 있는 스트륀Stryn까지 가기 위해 기차와 페리 그리고 버스를 갈아타야 하는 복잡한 과정이 기다리고 있었다. 만만치 않은 하루가 될 것 같은 예감에 깊은숨을 들이쉬었다.

오슬로 중앙역에서 뮈르달Myrdal까지는 좌석이 배정된 열차를 타고 이동했다. 4시간이 넘게 걸리는 거리라 긴 이동 시간 동안 지

겹겠다는 예상은 보기 좋게 빗나갔다. 기차가 도시를 벗어나자마자 숲과 목초지가 나타나는가 싶더니 거짓말처럼 작고 푸른 호수와 설산이 펼쳐지기 시작했다. 스위스의 알프스가 날카롭고 고전적인 느낌의 산악 풍경이라고 한다면, 완만한 구릉지 위로 암반과 빙하가 함께 보이는 노르웨이의 모습은 좀 더 원시적이고 신화적이었다.

열차는 어느새 협곡과 봉우리 사이에 있는 뮈르달역에 도착했다. 아담하고 고요하던 이 역은 열차에서 내린 이들로 금세 시끌벅적해졌는데, 그들은 모두 나와 같은 목적으로 이곳에 찾아온 사람들이었다. 이곳 뮈르달역은 노르웨이에서 빼놓지 말아야 할 관광코스인 플롬 산악철도Flåmsbana의 출발점이다. 플롬 산악철도는 뮈르달역에서 플롬역을 연결하는 길이 약 20킬로미터의 관광 노선이다. 구간은 다소 짧아도 최대 경사가 무려 55도에 이르는 급경사를 운행하기로 유명하다.

짧은 안내 방송과 함께 탑승해야 할 산악철도가 플랫폼 안으로 들어왔다. 지금껏 느긋이 기다리던 사람들이 갑자기 탑승을 서두르기 시작했다. 산악철도는 지정석이 아니어서 창가 자리를 확보하기 위한 경쟁이 시작되었다.

출발 시간이 되자 열차는 지체없이 앞으로 나아갔고, 힘들게 창가에 앉은 보람을 느낄 새도 없이 열차는 곧 간이역에 멈춰 섰다. 바깥에서 아득히 들려오는 소리가 승객들을 열차에서 내리게 했다. 열차 바로 옆 전망대에 모여든 사람들은 눈앞에 펼쳐진 경이로운 풍경을 바라보고 있었다. 높이가 93미터에 이르는 웅장한 폭포인 효스포센Kjosfossen이 그곳에 있었다. 쉴 새 없이 쏟아지는 하얀 물줄기와 그것이 만드는 거대한 소리가 공간을 압도했다. 폭포와 전망대 사이의 거리가 워낙 가까워서 이따금 튀어 오르는 물방울이 얼굴에 닿을 정도였다.

순간 사람들 사이에서 탄성이 터져 나왔다. 시선을 좇아가 보니 폭포가 만들어낸 신비로운 물안개 사이로 우아하게 춤을 추고 있는 한 명의 여성이 보였다. 한 사람이 춤을 추다 사라지면 떨어진 다른 장소에서 다시 한 사람이 살며시 모습을 드러내어 춤을 이어갔다. 사실은 여러 명의 무용수가 함께 만드는 공연이지만, 나타났다 사라지는 절묘한 타이밍 덕분에 숲의 요정이 순간적으로 이동하며 춤을 추는 듯한 착각에 빠졌다.

다시 열차에 탑승한 승객들은 아름다운 이벤트 덕분에 하나같이 상기된 얼굴이었다. 나중에 알게 된 사실이지만 이 공연은 스칸디나비아 숲에 산다는 전설적인 요정인 훌라Huldra의 모습을 표현한 것이며, 배우들은 노르웨이 발레 학교의 학생들이라고 한다.

효스포센

플롬 산악철도

열차는 행복한 얼굴의 승객들을 태운 채 구불구불하게 이어진 깊은 협곡을 내려갔다. 파랗게 빛나는 8월의 하늘 아래로 플롬스달렌Flåmsdalen계곡의 웅장한 파노라마가 그림처럼 이어졌다. 열차가 마지막 산모퉁이를 돌아 나가자 저 멀리 파랗게 빛나는 피오르와 플롬역의 모습이 보이기 시작했다.

*

거인들의 협곡

플롬

병풍처럼 솟은 높은 절벽들이 플롬을 에워싸고 있었다. 유일하게 절벽이 가로막지 않아 하늘이 열린 방향으로 푸르른 피오르가 보였고, 플롬역을 비롯한 마을의 여러 시설은 피오르에 맞닿은 좁은 평지 위에 옹기종기 모여 있었다.

피오르는 '내륙 깊이 들어온 만'이란 뜻을 지닌 노르웨이어로 빙하가 침식시킨 'U' 자형의 깊은 골짜기에 해수면이 상승하면서 바닷물이 유입되어 만들어진 좁고 기다란 만을 뜻한다. 그중에서도 송네피오르는 그 길이가 204킬로미터에 달해 노르웨이에서 가장 긴 것으로 알려져 있다.

플롬은 거대한 송네피오르의 가장 깊숙한 내륙에 있는 마을로 이곳에서는 피오르의 자연을 가까이에서 체험할 수 있는 크루즈가 운항 중이었다. 미트볼로 간단하게 점심식사를 한 후, 다음 목적지인 구드방엔Gudvangen으로 운항하는 크루즈에 탑승했다.

배 위에서 아래를 바라보니 피오르의 수면이 손에 닿을 듯 가까웠다. 물빛이 몹시 짙고 푸르러 깊이를 쉽게 가늠하기가 힘들었는데, 끝을 알 수 없는 심연으로 금방이라도 빨려 들어갈 것만 같아 오랫동안 바라보지 못하고 시선을 거두어야 했다.

크루즈는 거침없이 앞으로 나아갔다. 서서히 움직이는 풍경 때문에

배의 속도를 실감하지 못했는데, 뱃머리의 물살을 보니 빠르게 움직이고 있음을 알 수 있었다. 전방에서 불어오는 차가운 바람 때문에 예고 없이 콧물이 흐르고, 머리카락은 어지럽게 춤을 추었다. 주위를 둘러보니 출발 전에 반팔을 입고 햇볕을 즐기던 여행자들이 어느새 모두 점퍼를 입고 있었다.

송네피오르는 내륙 깊은 곳에서 지류인 에울란피오르Aurlandsfjord와 내뢰피오르Nærøyfjord로 갈라진다. 플롬은 이 에울란피오르의 끝에 있는 마을이며 목적지인 구드방엔은 내뢰피오르의 끝 지점에 있으니 크루즈는 매일 'ㅅ' 자형으로 갈라진 송네피오르의 두 지류 사이를 오가고 있는 셈이었다.

송네피오르

에울란피오르를 벗어나 내뢰피오르에 접어들기 전에 배는 잠시 송네피오르의 본류에 들어섰다. 넓어진 물길 좌우로 수백 미터 높이의 화강암 절벽이 호위하듯 서 있는 모습이 마치 줄지어 서 있는 거인의 어깨처럼 느껴졌다. 말도 안 되는 거대한 풍경 덕분에 대형 크루즈들이 작은 장난감처럼 보일 정도였다. 열려 있는 하류 방향으로 계속해서 나아가면 드넓은 대서양과 만나겠지만, 크루즈는 이내 좌측으로 뱃머리를 돌려 유네스코 세계유산으로 등재된 내뢰피오르로 향했다.

작은 지류에 들어서자 바람이 잦아들며 다시 고요함이 찾아왔다. 내뢰피오르의 잔잔한 수면 위로 오후의 햇살이 와닿아 보석처럼 반짝였고, 한껏 가깝게 다가온 수백 미터의 절벽들이 좌우로 담담하게 미끄러졌다. 숲과 절벽 사이로 작게 드러난 목초지의 상큼한 연둣빛과 벽 곳곳에 하얀 실처럼 하늘거리는 폭포의 아름다움은 너무나 비현실적이었다.

피오르를 순항한 크루즈는 마침내 내뢰피오르의 가장 깊숙한 곳에 세워진 구드방엔에 닿았다. 선착장에 두 발을 내딛는 것으로 황홀했던 50여 분의 크루즈 투어를 마쳤다. 행복한 꿈에서 막 깨어난 사람처럼 진한 아쉬움이 밀려들어 시선은 자꾸만 푸른 물결 너머를 더듬었다.

*

위대한 침식의 시작

얼굴을 간지럽히는 아침 햇살에 잠에서 깼다. 침대에 누운 채로 눈을 뜨자 아담한 2층 다락방이 시야에 들어왔다. 미련하게 남아 있는 잠을 짧은 샤워로 지워버린 뒤 삐걱거리는 나무 계단을 통해 아래층으로 내려갔다. 레스토랑으로 사용되는 1층은 아직 오픈 전이어서 고요했고, 숙박객들의 아침식사를 준비하던 어린 여직원만이 눈인사를 건넸다.

새로운 아침을 맞이한 이곳은 스트륀이라는 곳으로 송네피오르에서 자동차로 3시간 이상 북쪽으로 이동해야 닿을 수 있는 작은 마을이다. 어제 피오르 투어를 마치고 구드방엔 근처에서 느긋하게 머물 수도 있었지만, 굳이 밤길을 쉬지 않고 달려 이곳에 온 데는 그만한 이유가 있다. 스트륀은 피오르를 만들어 낸 장본인인 노르웨이의 빙하를 가장 편하게 볼 수 있는 곳이기 때문이다.

스트륀 버스터미널에서는 브릭스달빙하Briksdalsbreen의 입구까지 가는 셔틀버스가 매일 아침에 출발한다. 일찍 서두른 덕분에 아침 9시 45분에 출발하는 버스에 무사히 탑승했다. 버스 안에는 열 명 남짓한 승객이 있었고 그중 나는 유일한 동양인이었다. 여섯 살쯤 되었을까. 건너편 좌석에 아버지 품에 안긴 채 신기한 듯 나를 힐끔힐끔 쳐다보는 초록색 눈동자의 꼬마 여자아이와 이따금 눈이 마주

크레이바폭포

치곤 했다. 목적지까지는 남쪽으로 약 1시간을 달려가야 했지만, 시선이 닿을 때마다 부끄러운 듯 아버지의 품에 고개를 묻는 아이가 귀여워 가는 길이 전혀 지루하지 않았다. 창밖을 보니 스트륀이 접해 있는 노르피오르Nordfjord의 아름다운 자연이 펼쳐졌다. 바람이 없어 거울처럼 깨끗한 피오르의 수면 위로 주위의 풍경들이 선명하게 그려졌다.

버스는 브릭스달빙하의 입구인 브릭스달렌계곡에 승객들을 내려주었다. 무거운 배낭을 맡길 장소를 찾아야 했는데, 타고 온 버스가 오후 1시 30분에 이곳에서 다시 스트륀으로 돌아갈 예정이라 다행히도 버스 안에 짐을 맡기고 갈 수 있었다.

브릭스달렌계곡 입구에서부터 빙하가 보이는 지점까지는 계속 오르막길이었다. 경사가 심한 편은 아니어서 쉼 없이 발걸음을 옮길 만했다. 탐방로 옆으로 경쾌한 소리를 내며 흐르는 계곡물이 보였다. 깨끗하다 못해 차라리 투명한 계곡물은 해발 1,200미터의 고지대에 있는 빙하가 녹아내린 것이었다. 물길을 따라 올라가다 보니 곧 웅장한 크레이바폭포Kleivafossen가 나타났다. 폭포가 뿜어낸 물안개에 젖지 않기 위해 바람막이 재킷에 달린 모자를 뒤집어썼다. 젖지 않으려 이리저리 뛰어다니는 사람들의 웃음소리가 귓가를 간지럽혔다.

폭포를 지나 전방을 보니 어느새 브릭스달빙하가 코앞에 다가와 있었다. 브릭스달빙하는 유럽에서 가장 큰 요스테달빙하 Jostedalsbreen의 지류 빙하다. 주위를 둘러싼 암벽이 한 방향으로 깊은 'V' 자형 협곡을 만들고 있었고 그 사이로 거대한 얼음 덩어리가 선명히 보였다. 빙하를 떠올리면 막연히 하얀 얼음덩어리겠거니 싶었는데, 브릭스달빙하는 멀리서 보아도 묘한 푸른빛으로 반짝이고 있어 더욱 신비로웠다. 남아 있는 탐방로를 끝까지 걸어가자 빙하 바로 아래쪽에 숲으로 감춰져 있어 보이지 않았던 작은 호수가 나타났다. 빙하의 냉담한 푸른빛과 그것이 녹아 만든 처연한 옥빛 호수가 빚어내는 경이로운 풍광 앞에서 언덕길을 올랐던 수고는 어느새 눈 녹듯 사라져 버렸다.

한자리에 멈춰 있는 듯 보이지만 지금 이 순간에도 빙하는 끝없이 움직이고 있다. 다만 속도가 느리기 때문에 알아볼 수 없는 것이다. 빙하는 억겁의 시간 동안 서서히 미끄러지며 커다란 바위를 부수고 깊은 골짜기를 만들었다. 바닷물이 들어와 골짜기를 채우면 그것이 피오르가 된다. 위대한 힘의 출발점 앞에 와 있다는 사실에 감사했다.

브릭스달빙하

*

헬레쉴트의 밤

어느새 해가 많이 짧아졌다. 스트륀을 출발해 헬레쉴트에 도착했을 때는 오후 5시쯤이었는데, 늦은 오후의 오렌지빛 햇살이 마을 곳곳에 사랑스럽게 내려앉아 있었다. 계절은 조금씩 여름의 끝을 향해 달려가고 있었다.

헬레쉴트의 폭포

버스에 내리자마자 들려오는 시원한 폭포 소리가 정겨웠다. 노르웨이 산속의 작은 마을은 대부분 피오르와 인접한 저지대에 형성되었는데, 헬레쉴트의 중심가 역시 피오르와 가까운 곳에 자리 잡고 있었다. 버스정류장 옆으로 신부의 드레스처럼 넓게 퍼져 흐르는 폭포가 보였고, 조그마한 선착장에는 내일 아침에 출발할 페리 한 척이 이미 도착해 정박 중인 상태였다.

오슬로나 베르겐 같은 큰 도시가 아닌 이상 합리적인 가격의 공용 숙소를 찾는 것이 꽤 어려웠다. 하루를 머물러 갈 마을로 헬레쉴트를 선택한 이유는 게이랑게르피오르와 가깝기도 했지만, 무엇보다도 저렴하게 이용할 수 있는 유스호스텔이 있기 때문이었다.

막상 도착해 보니 이곳은 마을이 품고 있는 분위기 자체로도 충분히 매력적인 곳이었다. 암벽과 피오르가 어우러진 독특한 풍광 아래로 키 낮은 건물과 좁은 골목들이 정답게 들어서 있었다. 외부인에게도 열려 있는 교회를 둘러보며 주민들의 일상을 엿보거나, 가파른 능선을 따라 쉼 없이 흐르는 헬레쉴트폭포 근처를 산책하며 느슨한 시간을 보내기도 했다. 오슬로를 출발하고 나서 줄곧 빡빡한 일정과 긴장의 연속이었기에 이곳에서 보내는 여유가 달콤하게 느껴졌다.

숙소는 마을에서 조금 벗어난 비탈길에 있어 해가 저물기 전에 체크인을 마쳐야 했다. 쿱에서 미리 사 온 것들로 간단히 저녁 식사를 해결하고, 배정받은 4인 도미토리에 짐을 풀었다. 이 방에 나를 제외한 다른 손님이 없다는 사실을 알았을 때 얼마나 기쁘던지. 저렴한 비용으로 넓은 방을 혼자 사용하는 호사를 누리게 되었다.

모아 쥔 두 손에 찻잔의 온기가 퍼졌고, 피오르와 맞닿은 작은 마을에는 여름 저녁의 어스름이 푸른 물감처럼 번졌다. 모든 것들이 담담하고 차분해지는 시간 속에서 내일의 운항을 준비하는 페리의 불빛과 속삭이듯 들려오는 낮은 폭포 소리만이 휘영한 가슴을 채워주었다. 언제 또 이런 풍경을 볼 수 있을까. 벅차오르는 기분을 주체하기 어려웠다. 어느새 내 마음에도 피오르의 푸른 물빛이 서서히 스며들고 있었다.

푸르게 침잠하는 풍경에서 쉽게 시선을 거둘 수 없었다. 대단한 이야깃거리가 있는 저녁은 아니었지만, 오랜 시간이 흐른 뒤에도 생각날 것 같다. 경건히 아침을 기다리는 이 푸른 순간이.

헬레쉴트의 밤

*

신들의 파노라마

헬레쉴트에서 9시 30분에 출발하는 페리를 타기 위해 숙소에서 선착장까지 서둘러 내려갔다. 시간이 넉넉하지 않음에도 느긋하게 조식을 먹으며 여유를 부린 탓이었다. 티켓을 끊고 아슬아슬하게 페리에 탑승하고 나서야 비로소 한숨 돌릴 수 있었다. 탑승한 승객은 나를 포함해 모두 20명 정도였다. 배는 출발 시간이 되자 차가운 아침 공기를 뚫고 게이랑게르피오르GeirangerFjord의 고요한 수면 위로 나아갔다.

7자매폭포와 구혼자폭포

게이랑게르피오르는 내뢰피오르와 더불어 유네스코 세계 자연유산으로 등재된 곳이다. 그 명성에 걸맞게 고요한 수면의 양옆으로 1,000미터에 달하는 높은 절벽들이 펼쳐져 있어 운항하는 내내 감탄이 터져 나왔다. 그중 단연코 하이라이트는 아름다운 폭포들이었다. 피오르를 가운데에 두고 마주 보고 있는 거대한 두 절벽에서 각기 물줄기들이 떨어지고 있었다. 게이랑게르 방향으로 왼쪽이 칠자매폭포, 오른쪽이 구혼자폭포라 불린다.

전설에 의하면 마을에 살던 한 청년이 아름다운 7자매에게 돌아가며 청혼했으나, 안타깝게도 7자매는 술에 취해 있어 모두 거절했다고 한다. 이에 크게 상심한 청년은 자매에게 바칠 술병의 모습으로 변해 폭포가 되고 말았다. 웃긴 이야기는 아니었지만, 폭포수가 갈라지는 암반의 모습이 얼핏 와인병 모양을 닮은 것 같아 나도 모르게 실소가 터져 나왔다. 구혼자폭포의 반대편에 있는 여러 갈래의 폭포 군락이 눈길을 사로잡았다. 전설 속 자매에게서 모티브를 가져와 7자매폭포라는 이름을 가지게 되었는데, 수량이 적었던 탓인지 아무리 세 봐도 다섯 갈래 이외에는 발견하기가 힘들었다. 드높은 절벽으로부터 하늘하늘 실처럼 떨어지는 모습이 아름다웠고, 때마침 구름 사이로 쏟아지던 아침 햇살 덕분에 무지갯빛으로 반짝여 더욱 환상적이었다.

흘러가는 풍경은 충분히 감동적이었지만, 피오르의 아침 공기는 무척 쌀쌀했다. 풍광을 잘 감상하기 위해 야외인 뱃머리 쪽에 자리를 잡는 바람에 긴소매에 얇은 점퍼를 입고도 덜덜 떨어야 했다. 바로 옆자리에는 스페인에서 왔다는 중년 여성 한 분이 있었는데, 그녀 역시 경량 패딩을 입은 채 어깨를 들썩이고 있었다. 추위를 잊기 위해 그녀와 잠시 시시콜콜한 대화를 나누는 동안 페리는 선착장에 천천히 정박했다.

게이랑게르는 지금껏 지나친 다른 곳과 마찬가지로 피오르 해안에 있는 작은 마을이었지만, 고요했던 헬레쉴트와는 달리 많은 여행자로 활기가 넘쳤다. 선착장 옆의 카페에서 따뜻한 커피 한 잔과 사과 파이로 몸을 데운 뒤, 곧바로 근처의 버스정류장으로 향했다. 오늘의 중요한 일정 중 하나인 달스니바 전망대Dalsnibba Observation Tower로 가기 위해서였다.

탑승한 버스는 '차로 하는 등산은 이런 것이다'라고 하는 듯 아찔한 낭떠러지 사이의 좁은 도로를 거침없이 달렸다. 운행하는 내내 운전사의 노련함에 감탄을 거듭했다. 하지만 정말 놀라운 것은 따로 있었다. 급경사여서 위험한데도 버스를 추월해 가며 달리는 오토바이와 자전거도 여럿 목격할 수 있었다.

고도가 높아질수록 급한 경사는 사라지고, 대신 키 낮은 풀들로 가득한 평평한 구릉지가 나타났다. 버스는 빙하가 녹아서 만든 눈부신 호수 사이를 달리다 이윽고 목적지인 달스니바 전망대에 도착했다. 그곳은 전망대라고 하기에는 너무나 거칠었다. 사람들은 다소 위험해 보이는 가파른 자연 암반 위에서 각자의 방법대로 자유롭게 게이랑게르피오르를 내려다보고 있었다.

해발 1,476미터 높이의 고지에서 피오르를 보는 것은 짜릿한 경험이었다. 지평선 가득히 1,600미터 높이의 고봉들이 저마다 하얀 모자를 쓴 채 늘어서 있었고, 그사이 깊게 파인 틈 속에 작은 연못처럼 놓인 게이랑게르피오르가 보였다. 가뜩이나 아담한 게이랑게르 마을이 이곳에서 바라보니 더욱 작고 비밀스러워 보였다.

한 번도 경험해보지 못한 스케일의 풍경이었다. 장대한 모습에 압도되어 다리가 후들거릴 정도였다. 수많은 소설과 게임의 모티브가 되었던 북유럽 신화의 배경이라는 사실에 저절로 고개가 끄덕여졌다. 어쩌면 북유럽의 신들이 살고 있다는 바로 그곳, '아스가르드'가 이곳이 아닐까 싶었다.

*

요정의 사다리

게이랑게르에서 낮 12시 25분에 출발하는 온달스네스Åndalsnes행 버스에 탑승했다. 버스 내부가 깔끔하기도 했지만, 180센티미터를 넘는 북유럽 사람들의 평균 신장 때문인지 버스 좌석의 앞뒤 간격이 넓어 우등석에 탑승한 듯 승차감이 좋았다. 버스는 게이랑게르와 온달스네스를 잇는 63번 도로를 달려갔다. 이 도로는 아름다우면서도 위험한 고갯길로 유명한데, 폭포와 피오르로 이루어진 노르웨이의 자연을 한꺼번에 볼 수 있어서 '골든 루트'라는 영광스러운 별명이 생겼다.

북쪽으로 달려가는 동안 버스는 피오르를 한 번 건넜다. 이때 노르웨이의 독특한 장면을 볼 수 있었는데, 해안에 도착한 차량들이 선착장 앞에서 줄지어 페리를 기다리는 모습이었다.

피오르는 노르웨이 내륙으로 깊은 곳까지 지류가 뻗어 있고 그 폭도 일반 하천과는 비교할 수 없을 정도로 넓어서 육로를 연결하기 위해 매번 다리를 놓는 것에 한계가 있다. 그래서 교각을 놓는 대신 피오르를 운항하는 페리 노선이 발달했다. 차량에 탑승한 채로 페리 선내에 진입하는 방식으로 운영되기 때문에 승객들은 굳이 하차하지 않아도 된다. 노르웨이의 버스 티켓이 유난히 비싼 이유는 페리 이용료가 포함되기 때문이다.

피오르를 건너는 짧은 항해 동안 승객들은 배 안에 있는 화장실과 카페테리아 등을 이용할 수 있다. 페리는 피오르를 오가는 주요한 교통수단인 동시에 움직이는 휴게소인 셈이다. 특히 페리 안의 화장실은 이용료가 따로 없기 때문에 다녀올 필요가 있다.

산 넘고 물 건너 북쪽으로 달려가던 버스는 험준한 봉우리 사이에 있는 작은 주차장에 멈춰 섰다. 오랜 이동으로 흩어졌던 눈빛이 다시 반짝이기 시작했다. 이곳에 골든 루트의 하이라이트인 트롤스티겐Trollstigen에 도착했기 때문이다. 타고 온 버스는 약 25분간 대기한 후 다시 출발하기 때문에 발걸음이 저절로 빨라졌다.

깔끔하게 조성된 탐방로를 부지런히 걸어 마침내 전망대에 도착했다. 빙하가 깎아 놓은 거대한 협곡이 지평선 방향으로 아득하게 이어져 있었다. 며칠 동안 기가 막힌 풍경을 여럿 봤지만, 바닥이 드러난 완전한 'U' 자형 협곡을 관찰하는 것은 이번이 처음이었다. 피오르가 형성되는 위대한 과정이 눈앞에 펼쳐져 있었다. 세월이 흘러 해수면이 계속 상승한다면, 이 장엄한 골짜기에도 바닷물이 유입되어 언젠가 하나의 피오르가 될지도 모른다는 상상을 했다.

전망대 아래의 절벽에는 11개의 급커브로 이루어진 도로가 아슬아슬하게 매달려 있었다. 세상에서 가장 위험한 자동차 도로 중 하나로 알려진 바로 그곳이 발아래에 있었다. 트롤스티겐이라는 이름은 바라보기만 해도 아찔한 모습 때문에 붙여졌는데, 노르웨이어로 '요정의 사다리'라는 뜻을 가지고 있다.

버스는 다시 위험한 길로 뛰어들었다. 급커브를 돌 때마다 승객들은 두려움과 환희가 섞인 감탄사를 토해냈다. 능숙한 운전 솜씨에 감탄하는 동안 요정의 길을 지나 조금씩 온달스네스에 가까워졌다.

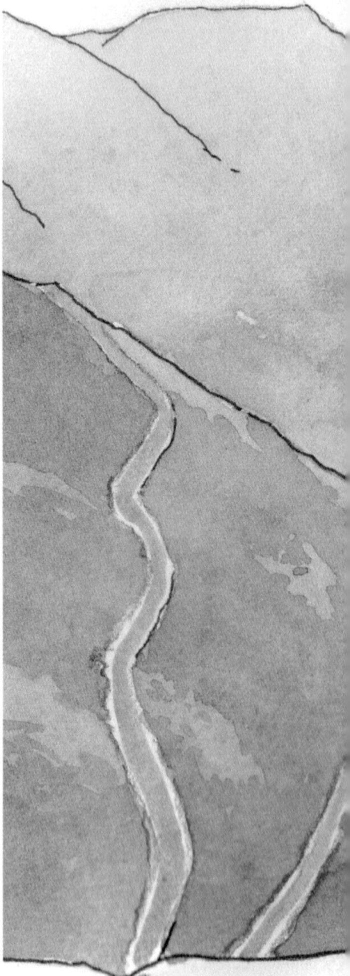

트롤스티겐

다시 만난 온달스네스

Åndalsnes Vandrerhjem 유스호스텔

온달스네스는 노르웨이 서부의 교통 요지 중 하나다. 아름다운 피오르와 훌륭한 트레킹 코스들을 품고 있어 해마다 많은 여행자가 찾아오는 관광도시이기도 하다. 매력적인 이 도시에 좀 더 오래 머물고 싶었지만, 노르웨이의 비싼 물가 때문에 정해진 일정을 변경하기가 겁이 났다. 온달스네스 유스호스텔에서 하룻밤을 머무는 동안 짧게 인근을 둘러보는 것으로 아쉬움을 달래야 했다.

마을 중심가에 있는 정류장에서 다음 목적지인 올레순Ålesund으로 가는 버스에 올랐다. 하얀 턱수염이 인상적이던 버스기사는 내 배낭을 건네받아 아래쪽 짐칸에 실어 주었고, 무거운 짐으로부터 해방되어 홀가분한 마음으로 자리에 앉았다. 버스는 흔들림이 적어 펜으로 실내 풍경을 그려볼 만했다. 나무랄 것 없이 평온한 아침이었다. 이때까지만 해도 잠시 후 저지르게 될 어처구니없는 실수를 전혀 예상할 수 없었다.

아침부터 하늘이 흐려지는가 싶더니 곧 창밖으로 빗방울이 툭툭 소리를 내며 부딪히기 시작했다. 사방에 피어오른 새하얀 물안개가 주위를 둘러싸 몽환적인 분위기를 연출했고, 안개 사이로 보이는 숲은 비에 젖어 더욱 짙은 녹색으로 번들거렸다. 편안하고 따뜻한 버스 안에서 소란스러운 바깥 풍경을 물끄러미 바라보다 어느 순간 스르륵 잠에 빠져들었다.

얼마나 잠에 취해 있었을까. 한참 후 눈을 떴을 때, 무엇인가 이상한 예감이 들었다. 시계를 보니 한 시간이 지나 있었다. 목적지인 올레순까지 가려면 중간에 베스트네스라는 곳에서 환승을 한 번 해야 했는데, 버스는 이미 경유지를 지나 다시 온달스네스로 돌아가는 중이었다. 어처구니없는 실수를 했다는 것을 깨닫고는 황망히 자리에서 일어났다.

다급히 현재의 상황을 알렸음에도 버스 기사는 침착한 태도로 응대해 주었다. 알고 보니 이 노선은 하루에 두 번 이 차량으로만 운행했다. 그는 중간에 있는 정류장에 급히 내린다 해도 어차피 몇 시간 후 이 차량에 다시 타야 한다며, 그냥 이대로 노선의 종점인 온달스네스로 함께 돌아간 후 그곳에서 오후에 다시 출발할 것을 제안했다. 두 번째 탑승 때에는 요금을 받지 않겠다고 말하는 그의 얼굴 뒤로 찬란한 후광이 비치는 듯했다. 그렇게 방금 작별을 고했던 온달스네스로 돌아가게 되었다. 한 시간 전에 보았던 익숙한 풍경들을 지나 마침내 온달스네스 중심가가 보이기 시작하자 허탈한 웃음이 터져 나왔다.

다음 버스까지는 시간이 꽤 남아 있어서, 다시 배낭을 메고 거리로 나섰다. 마침 비가 그치고 구름 사이로 햇살이 내리쬐기 시작했다. 덤으로 주어진 온달스네스에서의 시간을 그려보고 싶어졌다. 롬스달피오르Romsdalsfjord가 보이는 벤치에 앉아 길거리에서 사 온 태국 음식을 먹으며 독특한 외모의 노르웨이 등산센터 건물을 종이에 담았다. 느린 호흡으로 그림을 완성하는 동안 버스를 놓쳐 불안했던 마음이 조금씩 평온을 되찾았다.

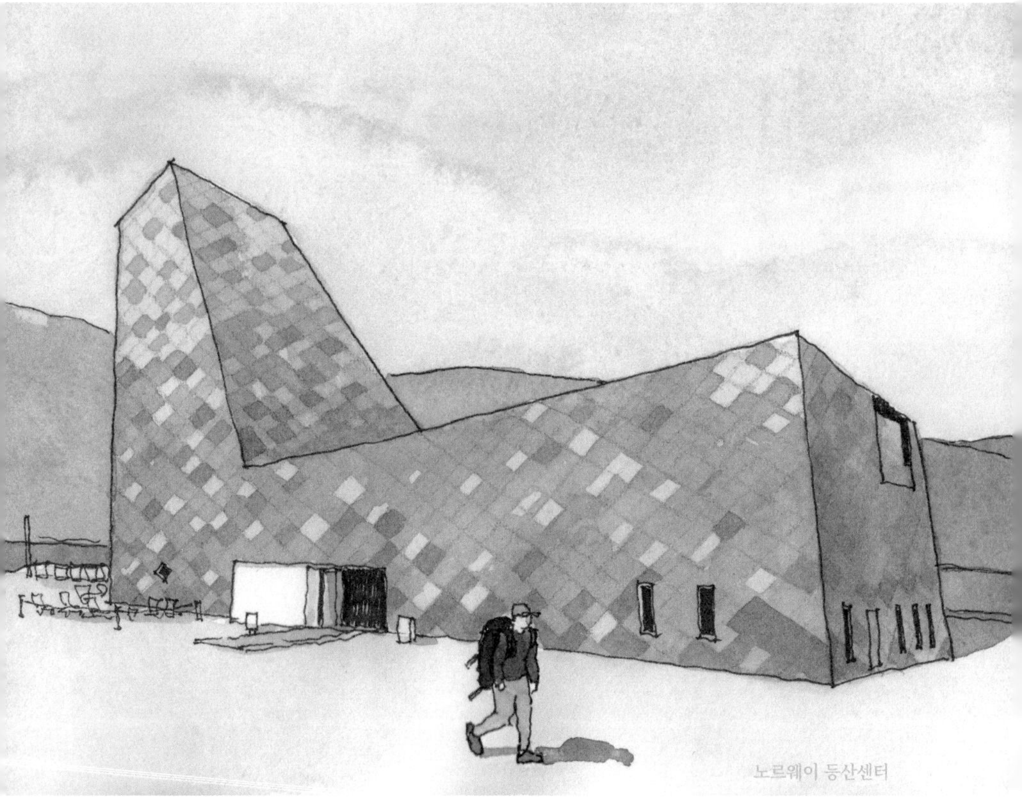

노르웨이 등산센터

*

아르누보의 도시

버스는 졸린 눈의 여행자들을 싣고 해가 지는 방향으로 부지런히 달려갔다. 비가 그쳤다 싶어 문득 창밖을 보니 언제부터인지 주위의 풍경이 눈에 띄게 달라져 있었다. 수백 미터의 절벽으로 가득하던 산맥은 어느새 키가 많이 낮아졌고, 단순하던 피오르의 해안이 복잡해지며 바다에는 하나둘씩 작은 섬들이 나타났다. 좁고 긴 내륙의 협만에서 벗어나 비로소 대서양에 가까워지고 있었다.

한참을 달리던 버스는 올레순의 중심가로 들어섰다. 번화한 거리의 풍경이 펼쳐지며 저절로 시선이 바빠졌다. 영화관과 대형 쇼핑몰이 들어선 번듯한 도심을 만난 것이 얼마 만이었던가. 올레순은 비록 인구가 5만이 채 안 되는 작은 도시였지만, 산골을 헤매다 나온 여행자의 마음을 들뜨게 하기에는 부족함이 없었다. 온달스네스를 떠나며 허비한 시간 때문에 발걸음이 초조했다. 버스터미널 안에 있는 라커룸에 무거운 배낭을 맡기고 서둘러 거리로 나섰다.

올레순은 다리와 해저터널로 연결된 7개의 섬 위에 세워진 도시인데, 5층 규모로 비슷한 높이의 집들이 섬의 해안선을 따라 어깨동무하듯 나란히 들어서 있었다. 건물들은 하나같이 차분한 컬러에 삼각형 지붕으로 이루어져 있어 마치 형제인 듯 묘한 통일감을 주었다.

잘 정돈된 이곳의 외관은 아이러니하게도 과거에 이 도시가 겪어야 했던 아픔을 치유하는 과정에서 형성되었다. 1904년 겨울 올레순에서는 유래를 찾아볼 수 없는 대화재가 발생했다. 도시 전역으로 번진 불길은 자그마치 850여 채에 이르는 집을 잿더미로 만들었고, 이로 인해 수많은 사람이 터전을 잃고 말았다. 절망의 광풍이 이곳을 휩쓸었지만, 올레순 사람들은 끝까지 희망을 잃지 않았다. 시민들과 뜻있는 노르웨이 건축가 50여 명이 도시 재건에 팔을 걷어붙였고, 그 결과 불과 3년 만에 이전과 전혀 다른 지금의 도심이 재창조된 것이다. 잿더미 위에 다시 세워진 건물들은 모두 당시 유행하던 아르누보Art Nouveau 양식으로 지어졌는데, 이로 인해 올레순은 북유럽에서 가장 아름답고 독특한 경관을 갖춘 도시로 다시 태어나게 되었다.

아르누보는 1890~1910년 사이에 유럽과 미주 등에서 국제적으로 유행한 양식으로, 그 단어 자체로 '새로운 예술'이라는 뜻을 가지고 있다. 유연한 곡선의 철제 난간, 식물의 줄기와

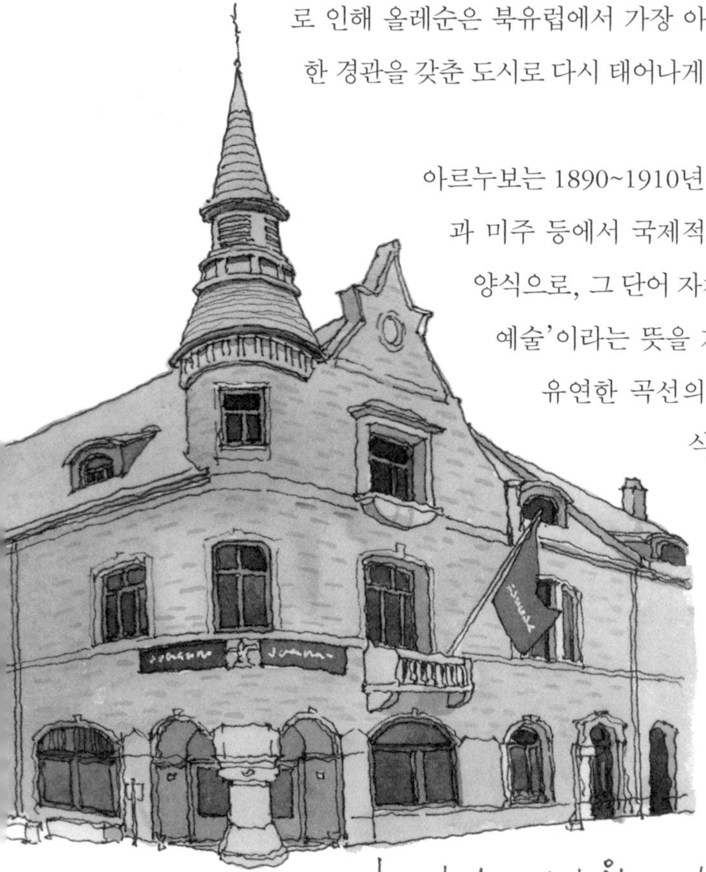

Jugendstilsenteret Ålesund 유겐스틸센테레

꽃을 모티프로 한 섬세한 패턴, 여인의 실루엣을 소재로 한 장식 등이 대표적인 특징이다.
중심가에 있는 국립 아르누보 센터인 유겐스틸센테레Jugendstilsenteret는 올레순을 이해하기 위해 반드시 들러야만 하는 곳이다. 과거에 일어났던 대화재와 그 후 도시 재건에 대한 자료를 비롯해 아르누보 디자인과 관련된 다양한 자료들을 한 곳에서 만날 수 있다. 아르누보 센터는 오래전 약국으로 쓰던 건물을 전시장으로 활용한 것으로 이 도시에 세워진 아르누보 양식의 건축물을 대표하는 곳이기도 하다.

올레순의 가장 드라마틱한 장면을 만나기 위해 마지막으로 악슬라산으로 향했다. 악슬라산은 도심 가까이에 있는 데다가 정상에서는 바다와 도시를 한눈에 조망할 수 있어서 멀리에서 온 관광객은 물론이고 시민에게도 널리 사랑받는 곳이다. 탐방로의 입구에서 정상까지는 418개의 돌계단으로 이루어져 있다. 20여 분 정도 부지런히 걸어 정상에 이르자 마침내 올레순의 풍경이 눈앞에 펼쳐졌다.

전망대에서 바라본 올레순의 모습은 아름다운 자연과 고풍스러운 도심이 조화롭게 어우러져 매력적이면서도 독특했다. 해안선을 따라 오밀조밀하게 들어서 있는 무채색 건물들이 마치 장난감처럼 귀엽게 느껴졌고, 방파제 끝에 세워진 작은 등대는 차분한 도시의 색상 때문인지 더욱 선명한 붉은색으로 빛났다. 좀 더 멀리 시선을 옮기자 올레순을 둘러싼 산맥과 바다가 보였다. 서쪽으로부터 힘차게 뻗어 오던 산맥은 바다를 만나 기나긴 여정에 마침표를 찍었고, 그 뒤에 아득하게 놓인 수평선이 가슴을 먹먹하게 했다.

이 서정적인 도시가 대화재로 인한 폐허에 세워졌다는 사실이 놀라웠다. 잿더미 위에 다시 피어난 아름다운 꽃. 떠나는 아쉬운 발걸음에서 올레순의 이미지는 그렇게 각인되었다.

악슬라산 전망

*

노르웨이의 옛 수도로

올레순에서 베르겐Bergen까지의 거리는 약 200킬로미터로 꽤 멀었기 때문에, 육로가 아닌 국내선 항공기를 이용했다. 국적기인 노르웨이 항공을 이용해 베르겐에 도착했을 때는 이미 밤 10시가 넘은 시각이었다.

예약해 둔 숙소로 가는 와중에 바라본 베르겐의 밤거리는 지금껏 만난 노르웨이의 풍경과는 조금 달랐다. 요란한 분장을 한 채 거리를 활보하는 10대들과 큰 배낭을 메고 분주한 걸음을 옮기는 각국의 여행자들이 어깨를 스치며 지나갔고, 문득 들려온 요란한 응원 소리에 고개를 돌리면 축구경기를 보며 목청을 높이고 있는 펍 안의 손님들의 붉은 얼굴이 보였다. 서울의 강남만큼 혼잡하진 않았지만, 베르겐의 밤은 낯선 활기로 가득했다.

숙소는 도심 중심가에 있는 'P-Hotels'라는 이름의 작은 호텔이었

베르겐 골목

는데, 오랜만에 싱글룸에 머물게 되었다. 혼자만의 공간에서 깊고 편안한 휴식을 취한 덕분인지 다음날 아침은 평소보다 조금 이른 시간에 눈이 떠졌다. 방문을 열어 보니 바깥쪽 손잡이에 주스와 샌드위치가 들어 있는 작은 종이가방 하나가 걸려 있었다. 전날 체크인을 할 때 직원이 알려 준 아침식사였다. 조식 서비스가 없는 대신 이렇게 방마다 간편식을 제공해 주고 있었다.

조금 시린 아침 공기를 뚫고 새로운 도시로 뛰어들었다. 어제 밤거리에서는 느끼지 못했던 베르겐의 선명한 풍경이 마음을 들뜨게 했다. 호텔에서 나서자마자 오른편 언덕 위로 붉은 벽돌이 인상적

베르겐 어시장

인 성 요한 교회Johannes Kirke가 보였고, 북쪽으로 계속 걸어가니 베르겐의 항구인 보겐항Vågen이 나타났다. 축복받은 듯 완벽한 날씨였다. 베르겐의 하늘과 바다는 경쟁하듯 서로 푸르름을 자랑하고 있었다. 잔잔하게 부딪히는 물결 위로 작은 요트들이 그림처럼 지나갔고, 항구 너머로 질서정연하게 늘어선 목조 건물들의 고풍스러운 모습이 펼쳐졌다.

항구의 한편으로 빨간색과 주황색의 크고 작은 파라솔들이 모여 있었다. 그 유명한 베르겐의 어시장Fisketorget이었다. 베르겐은 노르웨이에서 가장 중요한 어업 도시로 알려져 있어 기대가 컸지만, 어시장은 생각보다 규모가 굉장하지는 않았다. 부산 자갈치시장의 10

분의 1은 될까. 항구 옆으로 크고 작은 레스토랑과 해산물을 취급하는 소매상들이 들어서 있었는데, 위생에 각별히 신경을 쓰는지 시장 어디에도 냄새나거나 더러운 곳이 없었다. 많은 인파로 북적이고 있었지만, 구획이 잘 정돈되어 있어 이동에 불편함이 없었다. 신선한 해산물이 눈길을 사로잡았다. 국내에서는 흔히 보기 힘든 캐비어와 연어알, 킹크랩 등을 통조림으로 만든 상품도 눈에 띄었다.

노르웨이는 세계 최대의 연어 양식국이다. 연어는 차가운 해수가 흐르는 지역에서 양식할 수 있는데, 노르웨이는 연어 수출로만 한 해에 약 6조 원을 벌어들이며 매일 3,700만 명이 먹을 수 있는 양을 150개국에 공급하고 있다. 아니나 다를까 어시장 곳곳에서 풍겨 오는 연어 굽는 냄새가 너무 좋았다. 연어의 고장 노르웨이에 온 만큼 신선한 연어요리를 먹기로 했다. 시장 안에 있는 노천 식당에 자리를 잡고 비교적 저렴해 보이는 연어 스테이크를 주문했다.

얼마 지나지 않아 연어, 새우 다섯 마리, 구운 감자로 이루어진 접시가 테이블 위로 올라왔다. 음식의 비주얼은 소박했지만 가격은 상당했다. 한화로 30,000원이 넘는 접시를 비우며, 다시 한번 노르웨이의 살벌한 물가를 확인했다.

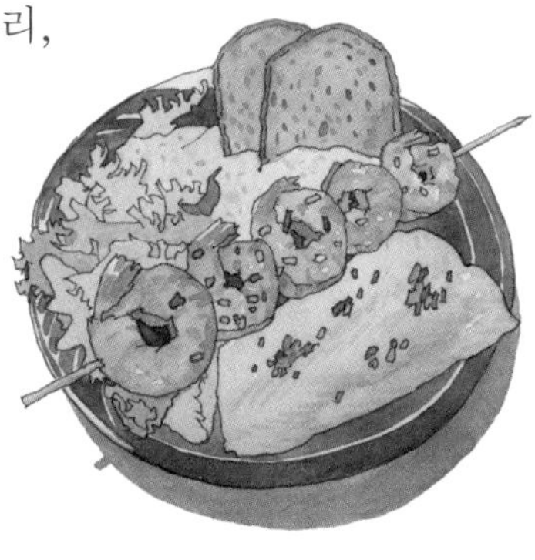

*

브뤼겐과 한자 박물관

지금은 베르겐이 오슬로와 스톡홀름에 명성을 내주었지만, 중세에는 베르겐이 스칸디나비아반도에서 가장 번영한 도시였다. 1070년에 오라프왕에 의해 시작된 베르겐은 12~13세기에 이르러 노르웨이의 수도 역할을 하며 거점 도시로 거듭났다. 이곳은 오래전부터 중요한 무역항이기도 했는데, 그 사실은 베르겐이라는 이름의 유래가 '포도주 공급기지'에서 비롯된 것에서도 쉽게 드러난다.

예전의 영광을 찾아보기 위해 가장 먼저 보겐항 북서쪽에서 위치한 베르겐후스 요새Bergenhus Festning를 찾아갔다. 항구에서 10분 정도 걸어 금세 도착할 수 있었는데, 도시를 수비한 성

Bergenhus Fortress 베르겐후스 요새

채라기엔 다소 아담한 규모였다. 노르웨이에서 가장 오래된 요새답게 벽면은 자연석을 거칠게 다듬어 쌓아 올렸으며 화려한 장식 없는 투박한 모습이 왠지 정겹게 느껴졌다. 외적의 침입을 막기 위해 13세기 중반에 국왕 호콘 4세에 의해 세워진 곳으로 제2차 세계대전 당시 독일군의 공습으로 큰 피해를 입었으나, 이후 복구되어 로젠크란츠 타워와 호콘 홀, 요새 박물관 등의 부속 건물을 둘러볼 수 있다.

베르겐후스 요새에서 다시 항구 쪽으로 발걸음을 옮기자 베르겐 여행의 구심점인 브뤼겐Bryggen이 나타났다. 베르겐의 상징이기도 한 삼각형 지붕을 가진 수십 채의 오래된 목조건물들이 담담한 표정으로 항구를 바라보고 있었다. 어떤 집들은 약간 기울어져 있어 위태로워 보였는데, 수십 채의 건물들이 워낙 가깝게 어깨를 붙이고 서 있어 그 모습이 마치 쓰러지지 않도록 서로 의지하고 있는 것처럼 보였다. 이 건물들은 오래전 해산물 저장 창고로 쓰였던 곳으로 건물 사이의 좁은 골목길에서는 물고기를 끌어 올릴 때 사용되었던 녹슨 도르래가 당시 모습 그대로 보존되어 있었다.

브뤼겐 지역은 수 세기에 걸쳐 발생한 여러 번의 화재로 큰 피해를 보았다. 특히 1955년에 마지막으로 발생한 화재 때는 도시의 3분의 1이 파괴되기도 했다. 그럼에도 브뤼겐은 설계 도면에 따라 전통적인 기법으로 재건축되어 지금까지 중세의 모습을 그대로 간직

하고 있다. 현재는 처음 지어졌던 모습의 약 25퍼센트 정도인 62채의 건물들이 복원되어 있으며, 브뤼겐 지구 전체가 유네스코 문화유산으로 지정되어 있다.

브뤼겐은 베르겐이 처음 형성될 때 함께 건설되었으며, 브뤼겐이라는 단어 그 자체로 '부두'라는 뜻이다. 1350년에 이르러서는 중세 유럽 상인들의 연합체인 한자동맹에 참여하게 되었고, 그 후 유럽 각지의 상인들이 브뤼겐으로 몰려들기 시작했다. 브뤼겐의 주요 수출품은 이곳에서 풍부하게 생산되는 대구였고, 주로 부족한 자원이었던 곡물이 수입되었다. 작은 어업 도시였던 베르겐은 점차 국제적인 무역항으로서의 면모를 갖추게 되었다.

한자동맹의 주요 멤버는 중세 시대의 독일과 북해, 발트해 연안 도시들의 상인이었다. 브뤼겐의 한편에는 지금도 노란색 3층짜리 건물이 있는데 1360년에 한자동맹 사무소가 있던 곳으로 지금은 한자 박물관Hanseatisk Museum으로 운영되고 있었다. 내부 공간은 어찌나 오래되었는지 걸을 때마다 삐걱삐걱 소리가 그치지 않았다. 당시의 문헌과 자료, 상인들이 사용하던 가구와 생활용품 등이 전시되어 있었고, 예전에 건어물 창고로 쓰였던 곳에는 베르겐을 번영하게 했던 특산물인 말린 대구들이 쌓여 있기도 했다.

놀라운 것은 상인들의 거주 공간이 무척 협소하고, 당시에 사용하

브뤼겐

한자 박물관

상인들의 침대

던 식기 등 각종 생활용품이 하나같이 검소하다는 점이었다. 멀고 먼 타국에서 부를 찾아 이곳에 온 상인들의 고달픈 삶이 이 작은 소품들을 통해 고스란히 느껴졌다. 그들이 고단함과 외로움을 견뎠던 이유는 어쩌면 고향에 있는 굶주린 가족들 때문이 아니었을까. 세상의 모든 부모님께 감사하는 마음으로 한자 박물관을 삐걱삐걱 빠져나왔다. 들어올 때의 거침없는 모습과는 달리 아주 조심스러운 발걸음이었다.

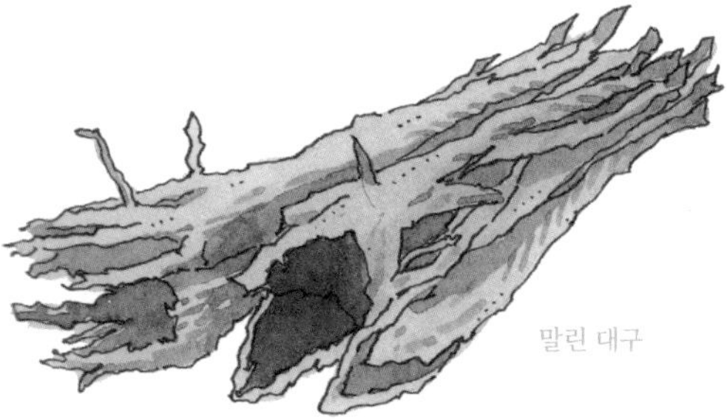

말린 대구

*

플뢰이엔 전망대

항구 근처의 작고 하얀 건물 앞에 사람들이 긴 줄을 드리우고 있었다. 모두 플뢰이엔 전망대로 가는 케이블 열차 플뢰이바넨Floibanen을 기다리는 사람들이었다. 보겐항 북쪽에 솟아 있는 산 정상에서 도심의 전경을 바라볼 수 있기 때문에 베르겐을 찾은 여행자라면 한 번쯤 들렀다 가는 곳이었다. 탑승을 기다리는 사람이 많았지만 생각보다 줄은 금세 짧아졌다.

열차는 가파른 언덕을 힘차게 올라가기 시작했다. 출발할 때 분명 노선이 하나뿐이었는데, 어느 순간 건너편으로 하행 차량이 지나갔다. 어찌 된 영문인지 유심히 살펴보니, 상하행 전차가 교행하기 위해 일부 구간만 복선으로 운행되고 있었다. 그 구간을 지나며 내려오는 차량의 승객들과 짧은 눈인사를 나누었다. 그러는 사이 열차는 어느새 320미터 높이의 전망대에 도착했다.

플뢰이바넨

숲 유치원

베르겐의 풍경이 발아래에 펼쳐지자 참았던 숨이 터지듯 저절로 탄성이 나왔다. 하늘빛을 담은 푸른 바다 위로 요트와 크루즈들이 장난감처럼 앙증맞게 떠 있었고, 굴곡진 해안선을 따라 베르겐의 정돈된 거리들이 펼쳐졌다. 건물의 붉은 지붕과 어시장의 주황색 파라솔이 푸르른 풍경에 다채로움을 주었고, 고개를 들어 저 멀리 수평선을 바라보자 빙하의 침식으로 만들어진 작은 섬들이 보였다. 며칠 전 봤던 올레순의 모습과는 또 다른 풍경이었다.

베르겐은 하루 종일 비가 오거나 짧은 소나기가 내리는 날이 연중 275일이나 되는 곳이기 때문에 이렇게 맑은 풍경을 보기란 쉽지 않았다. 전망대를 찾은 다른 여행자들도 나와 같은 표정으로 이 축

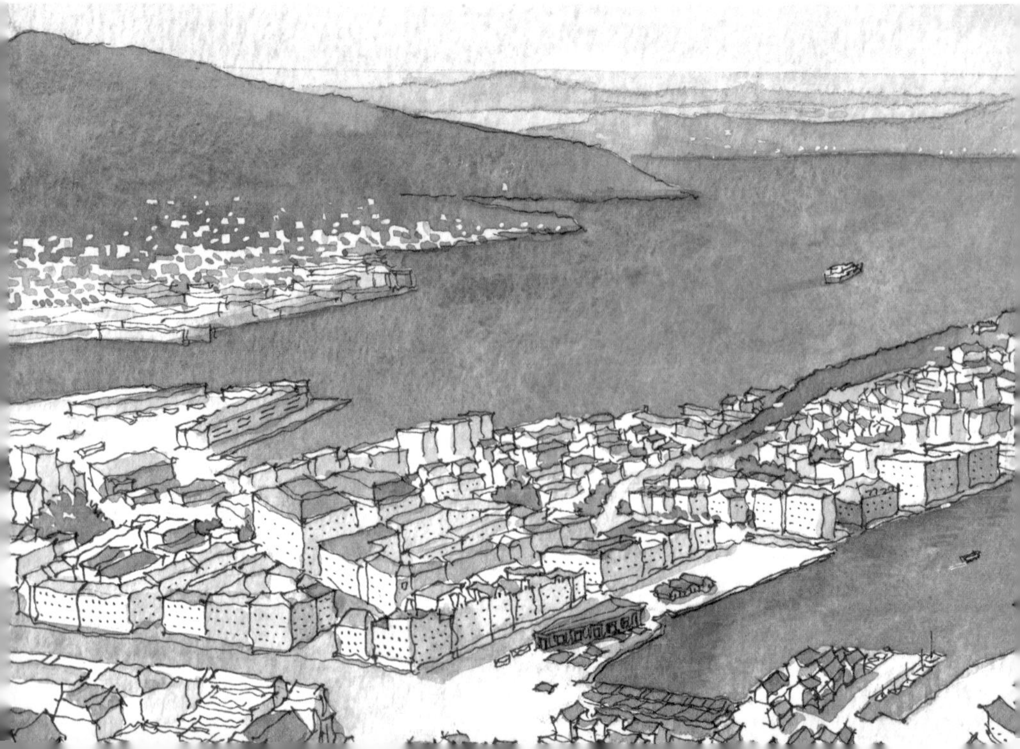

복받은 하루를 만끽하고 있었다. 감사한 마음으로 눈앞에 펼쳐진 행운을 종이 위에 차곡차곡 담았다.

정상 부근은 시민들을 위한 휴식처로 만들어져 있었는데 특히 아이들을 위한 숲 유치원이 시선을 사로잡았다. 자연림 한가운데에 아이들의 놀이터가 마련되었고, 그 주변으로 이 지역의 요정인 트롤 형상들이 익살스러운 모습으로 배치되어 작은 테마파크처럼 느껴지기도 했다. 아이들이 이곳에서 마음껏 뛰어놀며 자연스럽게 자연과 문화의 경험을 쌓을 수 있게 한 점이 흥미로웠다.

우거진 숲이 바람에 속삭이는 소리가 좋아서 하산할 때는 열차를

베르겐

이용하지 않고, 하이킹 코스로 걸어 내려갔다. 구불구불 이어진 길 위에 울창한 침엽수림이 만든 그늘이 커튼처럼 드리워져 따가운 여름 햇살을 막아 주었다. 짧았던 산책은 걸음을 옮기는 동안 숲 사이로 간간이 보이던 아름다운 베르겐의 전경 덕분에 더욱 만족했다.

8월 하순으로 접어들면서 일몰 시간이 더 빨라졌다. 저녁 9시가 넘어가자 서쪽 하늘이 벌겋게 타오르기 시작했다. 주위의 모든 것들을 집어삼킬 듯 강렬한 일몰이었다. 오늘 태어난 태양의 마지막 빛이 브뤼겐의 수백 년 된 낡은 건물 여기저기에 다가와 찬란하게 부서졌다. 베르겐에 찾아온 화려한 이별의 세리머니를 한적해진 부둣가에 걸터앉아 조용히 지켜보았다.

그동안 이 도시는 수없이 많은 아침과 저녁을 맞이했다. 오늘이라는 시간은 이 도시에 찾아온 무수한 파편 중 한 조각에 불과할지도 모른다. 하지만 그 아름다운 한순간에 잠시 머물렀다는 사실만으로도 충분히 감격스러웠다.

8월의 베르겐.
그 아름다운 여름밤 속에 내가 있었다.

베르겐 야경

고요한 베이스캠프

베르겐 버스터미널을 출발한 930번 버스는 다음 목적지인 오따Odda를 향해 달려갔다. 이른 아침에 출발한 버스임에도 좌석은 부지런한 여행자들로 인해 빈자리가 거의 없었다. 모두 설레면서도 약간은 긴장된 표정인 걸 보니, 그들도 나도 모두 같은 목적으로 버스에 탑승한 모양이었다. 버스는 쭉 뻗은 왕복 2차선 도로를 달리다 긴 터널을 지나기도 했다. 운행 중에 한 번은 선박을 이용해 피오르를 건너기도 했으니 오따로 가는 길은 말 그대로 산 넘고 물 건너는 여정이었다.

버스는 출발 후 세 시간 만에 오따에 도착했다. 내륙 깊숙이 피오르의 끝자락에 자리잡은 이곳은 작고 고요한 어촌 마을이었다. 아담한 포구에는 작은 어선이 몇 척 떠 있었고, 의류 매장과 레스토랑이 들어서 있는 중심가는 20~30분이면 모두 둘러볼 수 있을 정도로 아담했다. 마을의 규모에 비해 관광안내소와 식료품 매장이 유난히 큰 편이었는데, 아마도 여름 한 철 이곳을 찾아오는 여행자들 때문이라 짐작되었다.

많은 사람이 이 작고 고요한 마을에 방문하는 이유는 이곳에서 멀지 않은 곳에 그 유명한 트롤퉁가Trolltunga가 있기 때문이었다. 트롤퉁가는 노르웨이어로 '트롤의 혓바닥'을 뜻하는데, 오따 북동쪽에 수평 방향으로 툭 튀어나온 특이한 모양의 암반을 말한다.

노르웨이를 대표하는 트레킹 코스로 알려져 여행자들을 불러들이고 있지만, 트롤퉁가는 결코 만만한 상대가 아니다. 일대가 온통 눈으로 뒤덮이는 겨울에는 아예 입산이 통제되며, 가이드 없이 자유롭게 드나들 수 있는 시즌은 6~9월 중순까지 단 3개월뿐이다. 하이킹 코스가 몹시 위험한 것은 아니지만, 거친 돌길을 장시간 걸어야 하다 보니 안개 속에서 길을 잃거나 자잘한 부상으로 구조 요청을 하는 사례가 적지 않아 절대로 방심하거나 무리를 하면 안 된다.

베르겐을 떠나올 때부터 우중충하던 하늘이 저녁이 되자 부슬비를 뿌리기 시작했다. 여름비였지만 목덜미에 와닿는 빗방울이 선득했다. 종종걸음으로 돌아온 숙소에는 먼저 들어온 룸메이트들이 분주하게 내일의 산행을 준비하고 있었다. 그들과 가벼운 인사를 나눈 뒤 평소보다는 조금 이른 밤 10시경에 침대에 몸을 뉘었다.

오랜만의 혼성 도미토리라 낯설었던 탓일까 아니면 머릿속을 채우고 있던 내일에 대한 기대와 걱정 때문이었을까. 좀처럼 잠들지 못해 빳빳한 이불 귀퉁이만 매만졌다. 그래도 오따의 여름밤은 차분히 깊어졌다. 커튼 사이로 새어 들어오는 백야의 푸른빛과 선명한 빗소리와 함께.

TROLLTUNGASTUDIO

✳

트롤의 혓바닥

어느 순간 잠이 든 모양이었다. 흠칫 놀라 황급히 휴대폰을 확인해 보니 다행히 새벽 6시 5분 전. 알람이 울리기 전에 일어나 다른 이들의 새벽잠을 깨우지 않았다. 미리 챙겨 두었던 가방을 둘러메고 좀도둑처럼 살금살금 현관을 나섰다.

무엇이든 서두르는 것을 좋아하지는 않는 편이지만, 이날만큼은 이른 시간부터 유난을 떨어야 했다. 오따에서 트롤퉁가까지의 트레킹은 넉넉잡아 약 10시간이 소요된다. 오따 시내에서 트레킹 출발점까지 차량으로 이동한 후, 출발지에서 트롤퉁가까지 돌산을 걸어가야 하는데, 그 길이 왕복 22킬로미터에 이른다. 때문에 노르웨이 관광청에서는 오전 10시 이전에 출발할 것을 권장하고 있다. 하이킹을 하는 동안 느긋하게 풍경을 둘러보며 여유가 있다면 그림도 그려 올 생각이기 때문에 발걸음에 초조함이 묻어났다.

마을은 아직 짙푸른 잠 속에 빠져 있었다. 아침 공기는 꽤 쌀쌀했지만, 밤새 내리던 비가 그친 것이 다행이었다. 마을을 둘러싼 거대한 산맥 너머로 약속된 아침이 몰려오고 있었다. 동쪽 하늘에 아지랑이처럼 떠 있던 구름은 조금씩 화사한 오렌지빛으로 물들어 갔다.

이른 시간임에도 버스터미널 근처는 이미 수십 명의 여행자로 북적이고 있었다. 다들 나와 마찬가지로 이곳에서 트롤퉁가 입구까지 운행하는 택시를 예약한 모양이었다. 이날 유독 신청자가 많았던 모양인지 출발 시간이 되자 택시 대신 소형 버스 한 대가 다가왔다. 흥분된 표정의 승객들을 싣고, 버스는 트롤퉁가를 향해 달려갔다.

동행이 없어 몹시 고요한 산행이 될 것 같았지만, 주위는 곧 사람들이 내뱉은 거친 숨소리로 가득해졌다. 코스 초입부터 나타난 가파른 돌길 덕분이었다. 급경사 구간은 4킬로미터 정도 숨 가쁘게 이어졌다. 초반의 위기가 끝나자 이후에는 거친 암반으로 된 오르막길과 내리막길이 반복되었다. 벌써 기진맥진한 내 옆을 키 큰 유럽 여성들이 추월해 지나갔다. 커다란 배낭을 메고도 성큼성큼 앞서 나가는 체력이 놀라웠다.

발걸음은 무거웠지만 화창한 하늘 아래 펼쳐진 노르웨이의 자연은 저절로 감탄이 나올 만했다. 푸른 숲 사이로 펼쳐진 완만한 구릉지에는 초록색 이끼가 가득한 둥근 바위들이 알알이 박혀 있었고, 길

의 오른편으로 빙하가 만든 깊고 푸른 호수가 나타나 마음을 상쾌하게 했다.

코스 중반에 이르자 빙하가 녹아 흐르는 맑은 개울물이 나타났다. 흰 턱수염이 인상적이던 노인이 하는 대로 물병에 담아 벌컥벌컥 들이켰다. 달콤하다는 표현이 식상하게 느껴질 정도로 끝맛이 좋았다.

'도대체 능선을 몇 개나 더 넘어야 하는 거지?'라는 생각을 열 번쯤 했을 때였다. 가까운 곳에서 사람들의 환호성이 들려오기 시작했다. 출발 후 네 시간 만에 마침내 오늘의 목표인 트롤퉁가에 도착한 것이었다. 호흡을 가다듬으며 사람들이 모여 있는 절벽으로 다가섰다. 사진으로 수십 번은 찾아보았던 트롤퉁가의 모습이 눈앞에 선명하게 펼쳐졌다.

수백 미터의 아찔한 절벽 위에 평평한 암반이 수평 방향으로 불쑥 튀어나와 있었다. 오랜 세월 동안 빙하가 암반을 쪼개고 침식시키며 자연스럽게 만든 지형이라고 하기에는 너무나 기이한 모습이었다. 그 너머로 빙하가 만든 짙고 푸른 호수와 장엄한 절벽 그리고 고원지대의 만년설이 함께 펼쳐졌다. 여름과 겨울이 뒤섞인 모순적인 풍경에 눈길을 쉽게 거둘 수 없었다.

그보다 더 대단한 것은 그곳에서 사진을 찍는 사람들이었다. 암반

트롤퉁가

의 끝에 아슬아슬하게 걸터앉거나 심지어 점프 샷을 찍는 사람들도 발견할 수 있었다. 줄을 서서 기다린 끝에 드디어 바위 위에 설 수 있는 기회가 주어졌다. 암반 끝으로 발걸음을 옮길 때마다 공포는 더욱 강렬해졌다. 평소에 고소공포증이 없다고 생각했는데, 극한의 상황에 처해 보지 못해서였다. 좁디좁은 암반 위에서 잘 익은 소면처럼 다리가 흐늘거렸다.

인생의 고비를 넘긴 후 트롤퉁가가 잘 보이는 평평한 바위 위에 걸터앉아 가방에 넣어 두었던 점심을 꺼내 먹었다. 오랜 산행으로 다리는 무거웠지만, 기분 좋게 번져 오는 성취감에 자꾸만 웃음이 났다. 가방 속에서 펜과 물감을 꺼냈다. 오래도록 잊지 못할 이날의 기억은 그렇게 소중한 한 장의 기록이 되었다.

*

오따의 게살볶음밥

"벌써 내려오시나 봐요?"

트롤퉁가에서 돌아오는 길에서 익숙한 한국말이 들려왔다. 바위 사이의 좁은 길을 통해 다가오고 있는 이들은 지난밤 같은 방에 묵었던 강현, 오상병 씨 부부였다. 지쳐 보이는 남편 오상병 씨에게 작은 희망을 주고 싶었다.

"네, 방금 보고 내려왔어요. 조금만 더 가면 되니 힘내세요!"
"정말요? 그 말이 사실이었으면 좋겠네요… 숙소에 가면 같이 저녁 먹어요."
"네, 숙소에서 봬요!"

호기롭게 이야기를 나누었지만 돌아오는 길 역시 쉽지만은 않았다. 오전 내내 걸어온 11킬로미터의 돌길을 되돌아가야 한다는 것은 인정하고 싶지 않은 현실이었다. 실제로 트롤퉁가 트레킹 중에는 갈 때보다 돌아오는 와중에 방심하여 부상을 당하는 경우가 더 많다고 한다.

약 10시간 만에 다시 돌아온 트레킹 출발지에는 나처럼 새벽부터 출발한 여행자들이 여기저기 널브러진 채 휴식을 취하고 있었다. 정기적으로 운행되는 버스를 이용해 오따로 돌아올 생각이었는데, 누군가 콜택시를 이용하는 것을 보고 몇 명의 여행자와 비용을 분담해 콜택시를 불러 함께 이동했다.

저녁 무렵이 되자 강현, 오상병 부부가 피곤한 얼굴로 돌아왔다.

"트롤퉁가는 어땠어요?"
"너무 멋졌어요. 그런데 두 번은 못 갈 것 같아요!"

강현 씨가 저녁을 준비하는 동안 남편인 상병 씨는 짐 정리 후 여행 동선을 계획했다. 언제나 혼자 여행하던 내게는 여행 안에서 역할이 자연스럽게 나뉘는 모습이 무척 신기했다.

요리가 완성 단계에 이르자 공용 주방에서

근사한 냄새가 퍼져 나왔다. 식욕을 돋우는 향기에 다른 방에 묵고 있던 투숙객들이 힐끔힐끔 주방을 훔쳐보기 시작했다. 강현 씨가 자신 있게 내놓은 음식은 다름 아닌 게살볶음밥이었다.

"감사히 잘 먹겠습니다!"

노르웨이 산골에서 기름으로 코팅된 밥알을 먹게 되다니! 한 숟갈 떠 넣으니 왠지 코끝이 찡해졌다. 맛있다는 표현이 무례하게 느껴질 정도로 감동적인 한 끼였다.

그들은 특별한 여행을 하고 있었다. 목적 잃은 삶이 싫어 직장을 정리하고 약 1년을 목표로 세계 일주를 하는 중이었다. 한 달 전에 출발했다는데, 지금은 러시아를 거쳐 북유럽을 지나는 중이었다.

"여행 후의 삶은 생각해 보지 않았어요. 지금은 현재에 집중하는 것만으로 행복합니다."

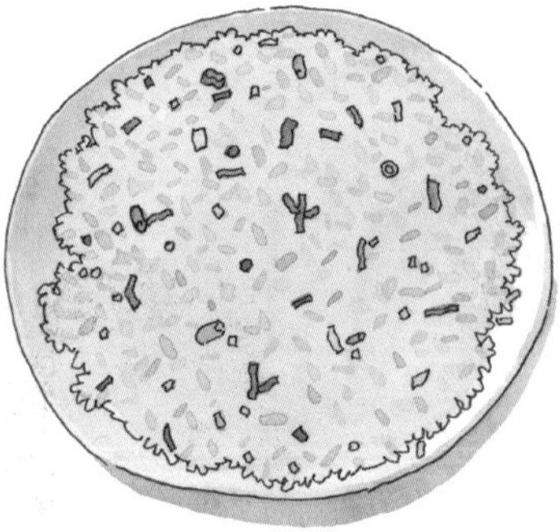

알콩달콩 여정을 꾸려가는 그들의 모습에서 따뜻함이 느껴졌다. 두 사람을 보니 문득 마음을 나눌 수 있는 이와 함께하는 여행이 하고 싶어졌다. 창밖으로 드리워지는 푸르른 기운과 함께 북유럽 여행 중 가장 고단했던 하루가 서서히 저물어 갔다. 외로울 거라 생각했던 여행은 뜻밖의 사람들 덕분에 쓸쓸할 틈이 없었다. 긴 산행으로 온몸이 노곤했지만, 그들 덕분에 마음은 한없이 풍요로웠다.

*

회색빛 바다를 건너

오따를 떠나기 위해 아침 식사를 마치자마자 버스 터미널로 향했다. 흐린 하늘 아래로 이따금 떨어지는 빗방울을 맞으며 강현, 오상병 부부와 작별의 인사를 나누었다.

다음 목적지는 오따에서 남쪽으로 약 130킬로미터 떨어져 있는 스타방에르Stavanger였다. 그곳에 노르웨이에서 만날 마지막 피오르인 뤼세피오르Lysefjord가 있었다. 오따에서는 스타방에르로 가는 직행 버스가 없어서 중간에 버스를 두 번이나 갈아타야 했다. 처음 출발할 때 부슬부슬 내리던 빗줄기는 두 번째 환승 정류장에 도착할 때쯤 거친 장대비로 변했다.

정류장에 지붕이 있었음에도 세찬 바람 때문에 빗물이 자꾸만 안으로 들이쳤다. 다행스럽게도 기다린 지 10분이 채 되지 않아 저 멀리 차가운 폭우를 뚫고 목적지로 데려다줄 버스가 나타났다. 어찌나 반가운지 나도 모르게 차량을 향해 손을 번쩍 들고 말았다.

타닥타닥.

차분한 회색 톤의 차내에 승객은 열 명이 채 되지 않았다. 음악도 틀지 않아 고요한 분위기 속에서 운전석 앞 창문에 빗방울이 부딪히는 소리만 요란했다. 눈을 감고 들으니 마치 잘 마른 장작이 경쾌하게 타오르는 소리 같았다.

차창 밖으로 노르웨이 서안의 전형적인 풍경인 피오르와 그 사이에 솟아난 작은 섬들이 보이기 시작했다. 버스는 기다란 교각을 이용하거나 페리를 이용해 섬과 섬 사이를 건너갔다. 어떤 구간은 페리에 오른 채 한 시간 이상 바다를 건너기도 했다. 바퀴 달린 차량으로 안개 자욱한 바다 위를 연달아 건너는 것은 묘한 경험이었다. 스타방에르까지의 버스 요금은 상당히 비쌌다. 피오르를 건너기 위해 페리를 네 번 탑승하는 비용이 포함되어 있기 때문이었다.

페리 안에는 카페테리아가 잘 갖춰져 있었다. 커피 한 잔을 들고 바깥 풍경이 잘 보이는 창문 옆 테이블에 앉았다.

여전히 창밖은 비와 바람의 세상이었다. 저 멀리 어두운 비구름과 회색빛 바다의 경계가 모호해 보였고, 거친 바다를 힘겹게 날아온 빗방울이 창문에 파르르 매달렸다 흩어지길 반복했다.

울음이 날 만큼 차갑고 외로운 풍경이었지만, 두 손에 느껴지는 커피 한 잔의 따뜻함이 큰 위로가 되었다. 내 안에 뒤섞이는 자질구레한 감정들의 존재를 아는지 모르는지 페리는 묵묵히 목적지를 향해 앞으로 나아갔다.

*

어업 도시에서 유전 개발기지로

섬과 섬을 연결하는 몇 개의 큰 다리를 건너 8세기에 건설된 역사 깊은 항구 도시 스타방에르Stavanger에 들어섰다. 버스는 작은 호수 옆에 있는 버스터미널에 멈춰 섰다. 아침부터 불어닥치던 바람은 그새 잦아들었지만, 여전히 빗방울이 떨어지고 있었다. 비에 젖기 싫어 터미널 근처의 스타방에르 대성당을 향해 뛰어갔다.

북유럽 소도시에 있는 여느 성당들이 그렇듯 이곳 역시 겉모습은 다소 투박했다. 커다란 자연석을 거칠게 다듬어 쌓아 놓은 성당의 외벽 앞에 서 보니, 12세기 중반에 건립되었다는 설명에 수긍이 갔다. 겉모습과는 달리 성당의 내부 공간은 아늑하고 따뜻했다. 포근하고 훈훈한 실내 공기는 지친 몸과 마음을 위로해 주기에 충분했다. 무뚝뚝한 표정이지만 은근히 친절했던 북유럽 사람들의 모습이 성당과 겹쳐 보이는 듯했다.

감레 스타방에르

석유 박물관

어느새 빗줄기가 가늘어져 성당의 북서쪽에 있는 항구로 걸어갈 용기가 생겼다. 5분쯤 걸어 도착한 항구는 베르겐에 비해 규모는 작았지만 우리나라의 작은 포구에 온 듯한 포근함이 있었다.

항구에 서서 서쪽을 바라보니 언덕을 따라 새하얀 건물들이 보였다. 이곳은 감레 스타방에르Gamle Stavanger라고 불리는 오래된 주택 지역인데, 북유럽에서 목조건물이 가장 잘 보존된 지역 중 하나로 알려져 있다. 이곳에는 18세기에 지어진 173개의 건물이 보존되어 있으며 각 건물은 공예품점, 미술관, 예술가를 위한 스튜디오로 활용되고 있다. 울퉁불퉁한 골목길을 걷다 방문한 어떤 스튜디오에서 몽골의 초원과 게르를 그린 작품들을 만나 괜히 반가운 마음이 들었다.

감레 스타방에르 지역이 과거의 어업 중심이었던 노르웨이 경제를 느낄 수 있는 곳이라면, 항구 동쪽에 있는 노르웨이 석유 박물관은 현재의 노르웨이를 느낄 수 있는 곳이었다. 작은 어촌에 불과했던 스타방에르는 1969년에 극적인 발견으로 인해 노르웨이의 제3의 도시가 되었다. 인근 북해에서 해저 유전이 발견되었기 때문이다. 그 후 스타방에르는 북해 유전 개발기지로 눈부신 발전을 거듭했다.

박물관에 들어서자 가장 먼저 압도하는 것은 세계에서 가장 큰 드릴이었다. 시추선 제작 과정, 시추와 채굴 과정 등 석유 산업에 대한 전반적인 내용을 모형과 함께 상세히 설명하고 있어 흥미로웠다.

유전 발견 이후 노르웨이의 경제 변화를 설명하는 코너에서는 석유 산업으로 인해 생긴 빈부격차와 환경문제 등 석유 시대 이후에 대한 고민들도 함께 다루고 있어 사회적인 의제에 대한 노르웨이인의 눈높이가 느껴졌다.

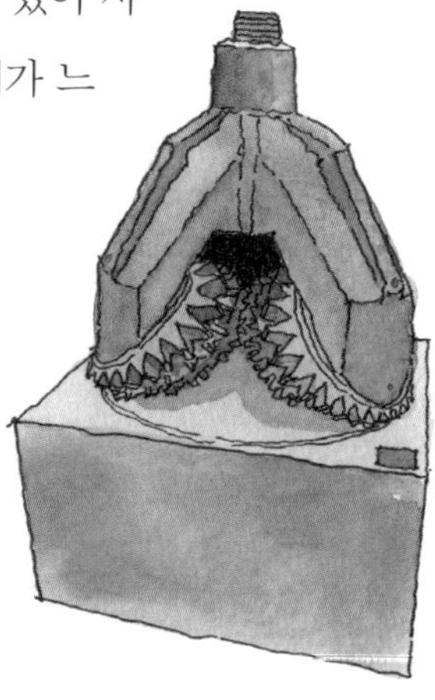

시추용 드릴

*

안개와 절벽

페리는 물안개 가득한 바다를 건너 타우항Tau에 닿았다. 뤼세피오르Lysefjord를 보기 위해서는 스타방에르 여객선 터미널에서 배를 이용해 타우로 온 다음 다시 이곳에서 버스로 환승해 한 시간가량 이동해야 했다. 번거롭긴 해도 노르웨이의 가장 멋진 전망대 중 한 곳인 프레케스톨렌Preikestolen에 가기 위해서는 반드시 거쳐야 할 과정이었다.

버스에서 내리자 주차장 너머로 숙소인 프레케스톨렌 로지Lodge의 모습이 보였다. 무거운 배낭을 내려놓고 싶었지만, 안타깝게도 아직 체크인이 안 되는 시각이었다. 다행히 임시 물품 보관소에 잠시 배낭을 맡겨 둘 수 있어 가벼워진 발걸음으로 탐방로에 올랐다.

프레케스톨렌을 다녀오는 데에는 왕복 4시간이 소요된다. 암벽 위를 걷는 구간이 있기 때문에, 길이 얼어붙지 않는 4월에서 10월 사

타우항

프레케스톨렌 로지

이가 여행하기 좋은 시즌이다. 지금이 바로 그 시기였지만 멎었던 비가 다시 내려 조바심이 났다. 젖어 있는 암반이 미끄러울 것 같아 발걸음이 더욱 신중해졌다.

그럼에도 가는 길은 지루하지 않았다. 비를 머금어 짙은 녹색으로 번들거리는 숲과 작은 호수 사이를 지나갔다. 목적지까지는 걸어서 한 시간 반이 채 걸리지 않았다. 며칠 전 트롤퉁가 트레킹을 마쳐서 그런지 상대적으로 쉽게 느껴졌다.

저 멀리 프레케스톨렌의 아찔한 604미터짜리 수직 절벽이 보이기 시작했다. 절벽의 경계 너머로 장대한 뤼세피오르가 희미하게 펼쳐져 있었다. 절벽의 높이와 피오르의 풍경도 대단했지만, 무엇보다 놀라운 것은 암반 그 자체의 모양새였다. 약 1만 년 전에 빙하가 잘라냈다고 하기에는 너무나 균형감 있는 정사각형 모양이었다. 어떤 연극 무대보다도 더 극적인 모습이었다.

이곳에 방문한 사람들은 한 번쯤 서 본다는 절벽의 끝. 아슬아슬한 경계에 다가서는 것이 무서워 주저하고 있을 때였다. 거대한 신이 입김을 내뿜기라도 한 것처럼 짙은 안개가 주위를 잠식하기 시작했다. 바위도 피오르도 사람들의 실루엣도 안개 속에서 서서히 우윳빛으로 지워졌다. 눈을 감은 듯 닫힌 시야 속에서 아이러니하게도 서서히 다른 감각들이 깨어났다. 한 방울 두 방울 떨어지는 빗소

리와 발아래에 닿아 있는 땅의 감촉이 선명하게 느껴지기 시작했다. 바위와 나와의 강한 유대감이 느껴지자, 신기하게도 두려움과 불안함이 잦아들었다. 절벽을 향해 한 발짝 내디딜 수 있는 작은 용기가 솟아났다. 마침내 절벽과 허공의 경계에 서자, 두려움과 해방감이 뒤섞인 쾌감이 온몸을 훑고 지나갔다.

단지 그뿐이었다. 조금 더 시간이 흐르자 절벽의 끝에 서는 일은 허무하게도 아무것도 아닌 그저 지나가 버린 일이 되었다. 이렇게 순식간에 과거가 되어버릴 일에 벌벌 떨었던 10분 전의 내 모습이 우스워 피식 실소가 터져 나왔다.

아득히 피어오르는 안개가 고마웠다. 스스로가 만든 불안과 공포로부터 벗어날 수 있게 해 준 따뜻한 품속을 벗어나기가 싫었다. 여름비가 끊임없이 내리고 있었지만, 그곳을 쉽게 떠나지 못했다.

04

Denmark

*

휘게의 나라에 도착하다

스타방에르에서 출발한 비행기는 코펜하겐 카스트럽 국제공항 활주로에 내려앉았다. 몇 시간 전만 해도 차가운 빗방울에 벌벌 떨었는데, 남쪽이라 그런지 제법 후끈했다. 걸음을 옮기는 동안 여러 번 땀을 훔쳤다. 생각해 보니 아직 8월 하순. 그동안 잊고 있었던 여름을 덴마크에서 다시 만났다.

코펜하겐은 상냥한 도시였다. 푸른 하늘 아래 삼각형 지붕을 가진 파스텔톤의 건물들이 정겹게 펼쳐졌고, 깨끗한 거리에는 자동차 보다 더 많은 자전거가 경쾌히 오고 갔다. 작은 운하마다 세워진 요트들이 하얗게 빛났고, 간혹 선상에서

코펜하겐 운하

가족들과 조촐한 식사를 하는 시민들의 흥겨운 한때를 마주치기도 했다.

언젠가부터 우리나라에도 휘게Hygge라는 단어가 많이 쓰이고 있다. 휘게는 편안함, 아늑함, 안락함을 뜻하는 덴마크어 명사로 가까운 사람들과 함께 혹은 혼자서 보내는 여유로운 시간, 소소한 행복을 의미한다. 개인의 행복을 고민하는 추세 덕분일까. 2016년에는 영국의 콜린스 영어 사전이 선정한 올해의 단어 2위를 차지했다.

덴마크 사람들이 상대적으로 더 행복하다는 것은 UN에서 해마다 발표하는 세계 국가별 행복지수 평가에서 명백히 드러난다. 1위에서 5위 사이는 매년 덴마크를 비롯한 노르웨이, 핀란드 등의 북유럽 국가들이 거의 점령하다시피 하고 있다. 물론 통계적 결과물을 맹목적으로 신뢰하고 싶지는 않지만, 북유럽 사람들이 느끼는 삶의 만족도가 높은 편이라는 것은 부정하기 어렵다.

그중에서도 덴마크는 세계에서 가장 먼저 실업자, 노인, 장애인 등 사회적 약자에 대한 사회보장을 법으로 규정한 나라다. 빈부격차가 심하지 않다 보니 경제적 박탈감으로 인한

계층 간의 불화가 덜하며 자살률도 높지 않다. 의료비와 입원비가 전액 무료인 공공의료 덕분에 미국처럼 실업자 혹은 보험 미가입자가 질병이나 사고로 한순간에 모든 것을 잃을 위험이 적다. 현재의 사회보장제도 기초가 무려 1933년에 확립되었다고 하니 '복지 국가의 원조'라는 별명이 전혀 무리가 없어 보인다. 이처럼 덴마크는 오래전부터 약자의 행복에 민감한 나라였다.

또 한 가지 부러운 사실은 덴마크는 뉴질랜드와 더불어 국가청렴도 지수 세계 1~2위를 다투는 나라라는 점이다. 우리에게는 조금 생소한 풍경일지 모르겠지만 이곳 사람들은 대체로 정치 지도자를 신뢰한다. 스스로 정치적 결정에 참여하고자 하는 의식도 높다. 부유층의 경우 소득의 60퍼센트 이상을 세금으로 내고 있지만, 다시 복지를 통해 합리적으로 보상받는다고 생각한다. 실직과 질병으로 소득이 전무할 때 국가가 본인이 낸 세금으로 재기할 기회를 준다는 확신이 있다. 국가에 대한 신뢰도가 높기에 가능한 일들이다.

투명한 행정이 이루어지는 나라에서 건강한 민주주의를 누리는 것이야말로 21세기를 살아가는 이들의 행복을 위한 전제 조건이 아닐까 싶다. 덴마크 복지의 방향은 불행한 이들의 숫자를 가능한 줄

코펜하겐 시청사

이는 것에 있다. 강자가 아닌 약자를, 소수의 행복이 아닌 다수의 행복을 추구하는 것이 당연시되는 덴마크. 불행의 총량을 줄이려고 노력하는 현명한 복지 제도가 부러웠다.

*

니하운의 예민한 남자

코펜하겐의 대표적인 명소 니하운Nyhavn에 도착하자 부두를 따라 앙증맞게 들어선 알록달록한 사각형의 건물들이 보였다. 오전인데도 불구하고, 건물마다 들어선 야외 레스토랑은 이미 수많은 여행자로 빈자리를 찾기 힘들었다.

니하운은 덴마크어로 '새로운 항구'를 뜻하지만, 이름에서 느껴지는 것과는 달리 주위 풍경은 예스럽기 그지없었다. 부두 옆으로 들어선 건물들의 나이는 족히 수백 년은 되어 보였고, 항구의 시설도 대형 크루즈가 들어오기에는 너무나 소박한 예전의 것이었다. 이 작고 아름다운 항구는 사실 17세기 중엽에 완성되었다. 니하운이라는 이름은 항구가 완공된 그 당시에 붙여졌는데, 아이러니하게도 우리는 수백 년이 지난 지금까지 이곳을 '새로운 항구'로 부르고 있는 셈이다. 이 지역은 과거 항해로 지친 선원들의 해방구 역할을 했기 때문에 한때 맥주와 매춘으로 유명세를 떨치기도 했다. 세

CAP HORN
니하운

월이 흘러 코펜하겐을 대표하는 항구의 역할을 신항에 넘겨주게 되었지만, 도시 사이로 뻗어 있는 아름다운 운하를 둘러보는 보트 투어의 출발지로 알려져 여전히 많은 이가 찾고 있다.

니하운은 우리에게 친숙한 동화작가인 한스 크리스티안 안데르센Hans Christian Andersen이 살았던 곳이기도 하다. 비록 비싼 방세 때문에 거처를 세 번이나 옮겨야 했지만, 니하운에 머무는 동안 안데르센은 우리에게 친숙한 수많은 동화를 창작했고, 유명해진 뒤에도 이곳에서 노년을 보냈다.

안데르센은 오덴세의 가난한 구두장인의 아들로 태어났다. 그의 어릴 적 꿈은 동화작가가 아니라 뜻밖에도 배우가 되는 것이었다. 14세가 되던 해에 큰 뜻을 품고 코펜하겐으로 상경했지만, 안타깝게도 큰 성과를 보지는 못했다. 그런 와중에 그의 숨은 재능을 알아봐 준 사람이 있었는데, 당시 왕립극장의 감독이었던 요나스 콜린Jonas Collin이었다. 그의 도움으로 안데르센은 코펜하겐 대학을 무사히 졸업할 수 있었고, 그 후 『백조 왕자』 『빨간 구두』 『인어공주』 등 1870년까지 모두 130편의 동화를 꾸준히 발표

안데르센

해 명실상부한 덴마크의 국민 작가로 성장했다.

작가로서의 삶은 성공적이었지만, 얻은 명성에 비해 개인적 생애는 외로움의 연속이었다. 안데르센은 후원자 요나스 콜린의 딸 루이제를 사랑했지만, 그녀는 다른 남자와 결혼해 좌절을 맛봤다. 그 후 35세 때는 스웨덴의 오페라 가수 제니 린드Jenny Lind를 만나 다시 한번 사랑에 빠졌으나, 이 만남 역시 우정에 머물게 되어 안데르센에게 깊은 상처를 남겼다. 그는 평생 사랑을 갈구했지만, 잔인하게도 단 한 번도 이루어지지 못했다. 이러한 쓰디쓴 경험들은 안데르센을 점점 고독하고 예민한 사람으로 만들었다.

코펜하겐 시청사 앞에서 낮은 단상 위에 놓인 동상을 만났다. 왼쪽을 지긋이 바라보는 키 높은 모자를 쓴 남자의 눈매가 왠지 슬퍼 보였다. 바로 안데르센의 동상이었다. 이 동상에 얽힌 이야기가 하나 있다.
그가 세상을 떠나기 한 달 전인 1875년의 어느 날, 안데르센을 너무 사랑했던 코펜하겐 시민들은 덴마크의 위대한 동화작가를 위해 동상을 만들기로 결심했다. 초기 디자인은 그를 둘러싼 주변의 아이들에게 책을 읽어주는 모습이었다. 시민들은 동상의 모형을 사전 제작하여 안데르센에게 미리 보여주었는데, 그는 담담한 목소리로 이렇게 대답했다.

"나는 아이들을 좋아하지 않습니다. 내 동상 주변에 아이들이 있는 것이 싫어요. 아이들이 나를 고통스럽게 해요."

세계적인 동화작가의 입에서 나왔다고 하기에는 다소 충격적인 발언이었다. 우리가 잘 모르는 사실이지만, 안데르센은 줄곧 자신의 동화가 아이들만을 위한 것이 아님을 밝혀왔다. 그는 어린이들은 단지 이야기의 표면만을 알 수 있으며, 성숙한 어른이 되어서야 작

안데르센 동상과
티볼리

품을 온전히 이해할 수 있다고 말하기도 했다. 평생을 외롭게 살아온 본인의 모습이 작품 속에 자연스럽게 투영되었던 탓일까. 그가 남긴 이야기 속에는 가혹한 시련과 슬픈 엔딩이 많다.

안데르센은 1875년 8월 4일에 세상을 떠났다. 세계에서 가장 영향력 있었던 한 동화작가의 장례에는 덴마크 국왕과 왕비를 비롯한 국민이 함께했다. 시청사 앞에는 그의 바람대로 아이들 없이 홀로 앉아 있는 동상이 세워졌다.

안데르센의 얼굴을 자세히 살펴보니, 그가 어딘가를 고요히 응시하고 있다는 것을 알게 됐다. 시선은 길 건너편에 붉은 벽돌로 지어진 한 건물에 닿아 있었다. 안데르센의 친구 게오르그 카르스텐센Georg Carstensen에 의해 만들어진 티볼리 공원Tivoli Gardens이었다.

티볼리는 1843년에 만들어진 세계 최초의 도시형 놀이공원으로 연간 460만 명이 다녀가는 코펜하겐의 명소다. 티볼리를 방문하는 아이 중 상당수는 이 안데르센 동상 앞에서 자신의 사진을 찍곤 하는데, 심지어 그의 무릎 위에 올라 사진을 찍는 아이들도 있다고 한다. 얼마나 아이러니한 일인가. 안데르센이 원하든 원하지 않든 그의 주변에는 항상 아이들이 있었고, 앞으로도 그럴 것이다.

*

풍요의 여신과 비운의 공주

카스텔레Kastellet는 코펜하겐의 동쪽을 둘러보다 아무 생각 없이 방문한 곳이었다. 겉보기에는 수풀과 호수로 이루어진 깨끗한 공원이지만, 사실 이곳은 17세기에 코펜하겐을 방어하기 위한 용도로 만들어진 요새였다. 도심 내 휴식공간으로 멋지게 변신한 오래된 군사 시설을 보고 있으니 문득 서울 올림픽공원의 몽촌토성의 모습이 겹쳐 보이기도 했다.

걸음을 옮길 때마다 카스텔레의 포근한 공간들이 눈을 즐겁게 했다. 과거 방어를 위해 만든 해자는 아담한 호수가 되어 주위의 풍경들을 선명하게 비췄다. 흙으로 쌓아 올린 도톰한 성벽은 시민과 여행자를 위한 아름다운 산책로가 되어 주었다. 산책로를 따라 조깅

게피온 분수

하는 시민들을 볼 수 있었다. 관광객뿐만 아니라 현지인도 자주 찾는 아름다운 카스텔레 요새. 고요히 흐르는 강물과 상큼한 풀 냄새 덕분에 기분이 좋아졌다. 여유가 있었다면 이곳에서 하루쯤 가벼운 아침 조깅을 하거나 풀밭에 돗자리를 깔고 늘어지게 낮잠을 자고 싶을 정도였다.

즐거운 산책을 마치고, 요새의 남쪽 출입구로 나오자 저 멀리 분수대 하나가 보였다. 제1차 세계대전 당시 사망한 덴마크의 선원들을 추모하기 위해 1908년에 만들어진 게피온 분수Gefionspringvandet였다. 규모가 대단하지는 않았지만, 솟아오르는 물줄기 사이로 보이는 조형물이 시선을 사로잡았다. 수레를 탄 여신이 거대한 황소 네 마리를 힘차게 채찍질하는 모습인데, 어찌나 역동적인지 발걸음을 붙드는 강한 힘이 있었다.

나중에 알게 된 사실이지만, 이 분수대 안에는 덴마크 태초의 전설이 깃들어 있었다. 오랜 옛날, 전설적인 길피왕Gylfi이 스웨덴 땅을 다스리고 있을 때였다. 왕은 지방을 순찰하던 중 늙은 여인을 만나 동굴에서 하룻밤을 묵게 되었다. 동굴 안에서 여인은 왕에게 자신이 보고 듣고 겪었던 세상의 이야기들을 들려주었고, 왕은 그녀의 흥미로운 이야기에 흠뻑 빠져들었다. 다음날 왕은 여인에게 보답하기 위해 이런 제안을 했다.

"재미있는 이야기로 나를 즐겁게 해주었으니 그대에게 보답하고 싶소. 지금부터 하룻낮과 하룻밤 동안 경작할 수 있는 만큼의 영토를 그대에게 나눠 주겠소."

하지만 이 늙은 여인은 풍요의 여신 게피온이 변장한 것이었다. 왕의 말이 끝나자마자 그녀는 곧장 거인과 자신 사이에서 낳은 아들 넷을 불러왔다. 그리고 그들을 거대한 황소의 모습으로 바꾸어 힘차게 쟁기질을 시작했다. 어찌나 깊고 멀리 파는지 게피온과 네 황소는 곧 거대한 땅덩이를 파내게 되었고, 그것을 스웨덴의 스코네Skåne와 덴마크의 퓐섬Fyn 사이의 바다에 던져 넣었다. 그로 인해 바다 위에 거대한 섬이 생겼는데, 전설에 의하면 이것이 지금의 코펜하겐이 있는 셸란섬Sjælland이 되었고, 흙을 파낸 구덩이에 물이 들어차 스톡홀름 서쪽에 있는 멜라렌호Mälaren가 되었다고 한다.

셸란섬의 전설은 신기하게도 제주도의 탄생 설화와 비슷한 점이 많다. 제주도 역시 거대한 여신인 설문대할망이 밤낮으로 흙을 퍼 날라 지금의 섬 모양을 만들었으며, 찢어진 치마폭 사이로 떨어진 작은 흙들이 368개의 제주 오름을 만들었다는 이야기가 전해 내려온다. 거대한 여신이 섬을 만들었다는 점이 놀랍도록 닮았다.

게피온 분수가 있는 곳에서 해안을 따라 북쪽으로 5분 정도 걸어가니 세계에서 가장 유명한 동상이 나타났다. 안데르센 동화의 주인

공인 인어공주 동상이 그곳에 있었다. 바위 위에 80센티미터 남짓의 크기로 아담하게 놓여 있었다. 한적한 바다와 100년이 넘도록 자리를 지켜온 인어공주 조각상의 조화가 너무 쓸쓸해 보였다.

하지만 그뿐이었다. 동상 주위로 드러난 바위와 그 뒤로 펼쳐진 코펜하겐의 운하만 있을 뿐이어서 알려진 명성에 비해 오래 머물 수 있는 곳은 아니었다. 코펜하겐을 찾는 여행자라면 누구나 찾아가지만, 어김없이 실망한다는 이야기에 고개가 끄덕여졌다.

인어공주 조각상은 1913년에 현재의 자리에 세워졌다. 조각가 에드바르드 에릭센Edvard Eriksen이 당대의 스타 프리마돈나였던 엘렌 프라이스Ellen Price를 모델로 하여 청동으로 제작하였는데, 엘렌은 자신의 벗은 신체가 노출되는 것을 꺼려 얼굴을 제외한 동상의 몸체는 조각가 에릭슨의 아내인 엘리네 에릭슨Eline Eriksen을 모티브로 제작되었다.

이 동상은 잔인하게도 온갖 수난을 겪어야 했다. 몸체에 비키니가 그려지거나 때로는 페인트 세례를 맞기도 했고, 팔이 절단되거나 머리가 잘린 채 도난당한 적도 수차례였다. 심지어 2003년에는 폭파 당해 동상이 바다로 추락하는 사태가 벌어지기도 했다. 그럼에도 덴마크 정부는 굴하지 않고 인어공주를 매번 부활시켰다.

가녀린 외모의 동상이 사회적 의견 표출의 희생양이 되어 왔다는 사실에 마음이 아팠다. 수난의 역사를 알게 되자 동상의 움츠린 어깨와 아래로 떨어뜨린 시선이 더욱 애처롭게 느껴졌다. 어쩌면 수 년 후 코펜하겐을 다시 방문했을 때, 지금의 것이 아닌 새로운 동상을 만나게 될지도 모른다고 생각했다. 더 이상 동상이 다치질 않길 바라며, 지금의 인어공주를 잊지 않기 위해 스케치북과 펜을 꺼내 들었다.

*

작은 기념품을 사다

여름다운 코펜하겐의 날씨 때문에 오랜만에 반팔 티셔츠, 반바지 차림으로 거리에 나섰다. 알 수 없는 힘에 이끌린 듯 스타벅스에 들러 아이스 아메리카노 한 잔을 주문했다. 서울에서 마시는 것과 큰 차이 없는 익숙한 맛이 갈증을 잊게 해 주었다. 머나먼 유럽에서 고국의 향수를 불러일으키는 것이 '스벅 커피'일 줄이야. 일상을 장악하는 글로벌 체인의 침투력에 새삼 놀라는 순간이었다.

카페인 덕분에 경쾌해진 발걸음으로 코펜하겐 중심가에 위치한 스트뢰에Strøget 거리로 향했다. 스트뢰에는 시청가 광장에서 콩겐스 광장까지 이어지는 1.2킬로미터 구간의 보행자 전용도로인데, 스칸디나비아에서 가장 번화한 쇼핑거리 중 한 곳이기도 하다. 트렌디한 레스토랑과 카페, 백화점들이 즐비했지만 가장 먼저 방문한 곳은 세계적인 완구 브랜드인 레고의 한 매장이었다.

레고는 우리의 추억 속에 꽤 큰 비중을 차지하고 있는 완구 브랜드다. 하지만 그 추억의 무게에 비해 레고의 고향이 덴마크라는 것을 아는 사람은 생각보다 많지 않다. 덴마크의 빌룬Billund 지역에는 글로벌 기업 레고의 본사와 유명한 테마파크인 레고랜드 1호점이 있다. 일정상 코펜하겐에서 꽤 먼 거리에 있는 빌룬까지 갈 수는 없었기에, 코펜하겐 시내에 있는 매장을 방문해 아쉬움을 달래보기로 했다.

스트뢰에 거리의 레고 매장은 겉모습에 비해 내부가 넓은 편이었다. 좁고 긴 공간 안에 상당히 많은 상품이 진열되어 있었고, 벽면 한쪽에는 과거에 사용된 로고들을 순서대로 전시해 놓아 디자인 변천사를 한눈에 확인할 수 있었다. 매장을 둘러보는 재미는 쏠쏠했지만 문제는 가격이었다. 한국에서 구입하는 것과 비슷한 가격 때문에 작은 허탈감이 느껴졌다.

레고는 1932년에 덴마크 빌룬 북부의 작은 마을에서 태어난 올레 키르크 크리스티얀센Ole Kirk Christiansen이라는 목수가 만들었다. 레고라는 이름은 1934년에 지어졌는데, 덴마크어로 '잘 놀다'라는 의미의 '레그 고트Leg Godt'라는 단어에서 유래했다. 초창기의 레고는 지금과 같은 플라스틱이 아닌 나무로 만들어진 완구였다. 심지어 생활소품과 가구 등을 제작하고 남은 자투리 목재들로 만들었다고 하니 레고를 좋아하는 이들에겐 적잖이 충격적인 사실이다. 지금과 같은 플라스틱 제품은 1947년에 이르러 플라스틱 사출 성

Lego Store in Strøget

형 기계를 도입하면서 제작되기 시작했다. 1949년부터는 결합 가능한 브릭형 장난감을 제작하며 진화를 거듭한 결과 지금은 2015년 기준으로 720억 개가 판매된 세계적인 브릭 완구 브랜드로 성장할 수 있었다.

레고의 본고장에 왔으니 그래도 기념할 만한 것을 구입하고 싶었다. 매장을 둘러보다 팔, 다리, 머리, 액세서리 등의 부품을 이용해 자신만의 피규어를 만들어 구입할 수 있는 패키지가 있었다. 캐릭터 세 개에 59.95크로네(한화 약 1만 원)였다.

개성이 강한 부품이 많이 남아 있지 않아서 마음에 드는 모습으로 만들기까지 많은 시간과 노력을 들여야 했다. 30여 분 동안 정성을 기울인 끝에 도끼를 든 바이킹 전사, 스웨터를 입고 테니스 라켓을 든 여성, 멜빵바지를 입은 소프트웨어 개발자가 완성되었다. 결과물에 만족해하며 피규어들을 계산대 위에 자랑스럽게 늘어놓았다.

"Here you are."

포장된 제품을 건네주던 매장 직원의 표정은 무심하기만 했다.
뭘까, 나의 노력을 알아주지 못해 서운한 이 감정은.

왕가의 세 궁전

2015년 2월 14일, 코펜하겐의 크루트퇸덴 문화센터에서 여러 발의 총성이 울렸다. 당시 그곳에서는 파리의 '샤를리 에브도 테러'를 추모하기 위한 행사가 열리고 있었는데, 이 자리에는 이슬람의 선지자 무함마드에 대한 풍자만화를 그렸던 작가 라르스 빌크스도 참여하고 있었다. 극단주의자들이 저지른 끔찍한 테러로 인해 이튿날 테러 용의자가 사살될 때까지 경찰 등 2명이 사망하고 5명이 다치는 참극이 벌어졌다. 시민들은 절망과 공포에 휩싸였지만, 다행히 그들에게는 여왕 마르그레테 2세Margrethe II라는 정신적 구심점이 있었다. 여왕의 헌신으로 시민들은 곧 안정된 일상으로 돌아올 수 있었다.

마르그레테 여왕은 입헌군주제인 덴마크의 왕위 계승자이다. 1972년부터 지금까지 40여 년이 넘는 시간 동안 왕좌를 지키고 있다. 여왕은 중요한 역사적 변곡점이 찾아올 때마다 국가를 대표하는 리더로서 때로는 국민을 통합하는 다정한 어머니로서의 면모를 보여주었다. 고고학과 경제학, 정치학 등을 전공한 동시에 예술적 조예도 깊으며 특히 영화로도 제작된 소설 『반지의 제왕』의 덴마크판 삽화를 직접 그린 것으로 유명하다. 그녀를 향한 덴마크 국민의 탄탄한 신뢰는 80퍼센트를 웃도는 국왕 지지율에서도 드러난다.

니하운에서 북쪽으로 5분 정도 걸어가자 왼편으로 거대한 돔 지붕 하나가 나타났다. 로마의 산피에트로 대성당에 영향을 받아 지어졌다고 하는 프레데릭 교회Frederiks Kirke였다. 그리고 그 반대편으로 아말리엔보르 궁전Amalienborg Slot이 보이기 시작했다.

대문이나 그 흔한 성벽도 없어 궁전은 경계가 명확하지 않았다. 4~5층 높이의 건물들 사이를 걸어가다 문득 정신을 차려보니 어느새 궁전의 너른 광장 안에 서 있다는 것을 깨닫게 되었다. 멋스러운 로코코 양식의 건물 4채가 광장의 중심을 바라보고 있었는데, 그 모습이 마치 팔각형 모양의 광장을 사방에서 호위하는 듯했다.

아말리엔보르 궁전

아말리엔보르 궁전은 현재 왕실의 집무실 및 거처 역할을 하고 있기 때문에 살아있는 왕실의 위엄을 가장 가까이 느껴볼 수 있는 곳이기도 하다. 4개의 건물 중 두 개는 여왕 내외의 거처이며, 하나는 박물관 그리고 나머지 하나는 집무 공간으로 사용되고 있다. 그중 여행자에게 상시 개방된 공간은 박물관이 유일하다.
광장에는 병사들이 교대식을 하고 있었고, 그들의 뒤편으로 왕궁 위에 펄럭이는 덴마크 국기가 보였다. 여왕이 궁전에 머무를 때에만 국기를 게양한다고 하니, 직접 만날 수는 없어도 먼발치에서 여왕의 존재를 희미하게 느낄 수 있었다.

두 번째로 방문한 곳은 로젠보르 궁전Rosenborg Slot이었다. 17세기 초에 세워진 이 성은 붉은 벽돌로 지어져 건물 전체에 부드러운 기품이 느껴졌다. 건물 그 자체도 무척 아름다웠지만, 성 아래의 해자와 그 앞으로 펼쳐진 정원의 조화로움이 인상적이었다. 대부분의 공간이 개방된 성의 내부는 그 자체로 하나의 거대한 박물관이었다. 왕궁 생활의 여러 부분을 직접 관찰할 수 있게 되어 있다. 특히 왕관과 갖가지 보석 등 왕가의 보물들이 여행자의 시선을 사로잡았다.

마지막으로 방문한 곳은 도심 한가운데에 있는 작은 섬 슬로츠홀멘Slotsholmen 위에 세워진 크리스티안스보르 궁전Christiansborg Slot이다. 궁전 안으로 들어가기 위해 운하를 가로지르는 석조 다리를 건너자 탁 트인 광장이 나타났다. 좌우 대칭 구조의 궁전 건물은 작은 정원 너머에 있었는데, 화려하지는 않지만 가운데 높은 타워 덕분에 위엄 있는 모습이었다.
한때 왕실 거주지로 사용되었던 이 궁전은 1167년에 압살론 대주교에 의해 건립된 후 여러 차례 재건되는 과정을 겪었다. 현재의 모습은 1928년에 완성된 것으로 지금은 국회의사당, 대법원, 총리관저실 등으로 사용되고 있다. 즉 입법부, 사법부, 행정부가 한 건물에 모여 있는 셈인데 놀랍게도 이러한 예는 세계적으로 이곳이 유일하다.

국가의 세 권력기관이 다른 곳도 아닌 전제 정치의 역사가 가장 오래된 곳에 함께 있다는 사실이 재미있었다. 헌법이 정한 국민의 권리를 전제 군주가 다시 취하는 일은 절대 없으리라는 다짐처럼 보이기도 했다. 크리스티안스보르 궁전은 단순한 궁전도, 박물관도, 흔한 관광지도 아니었다. 그것은 덴마크 민주주의의 상징 그 자체였다.

로젠보르 궁전

크리스티안보르 궁전

*

햄릿을 만나러 헬싱괴르로

이른 아침 호텔 앞 골목은 비로 촉촉이 젖어 있었다. 밤사이 바람이 많이 불었던 모양인지 도로 위로 넘어진 표지판과 쓰레기통이 눈에 띄었다. 흩어진 풍경만큼 이른 아침부터 괜스레 마음도 어지러웠다. 노르웨이에 체류하는 시간이 길어지는 바람에, 덴마크에서의 일정이 다소 촉박해진 탓이었다. 길게만 느껴졌던 한 달간의 북유럽 여행도 어느새 마지막을 향해 달려가고 있었다. 남아있는 여정도 안전하고 차분하기를 기원하며 코펜하겐 중앙역에서 기차에 탑승했다.

열차는 북쪽으로 1시간을 달려 헬싱괴르Helsingør에 도착했다. 붉은 벽돌로 마감된 역 건물은 어느 귀족의 저택이라고 해도 믿을 만큼 우아하고 고풍스러웠다. 헬싱괴르는 셸란섬 북동부 연안에 위치한 항구 도시다. 건물을 통과해 밖으로 나오니 역 앞으로 가깝게 바다가 있었다. 불어오는 바람에 외레순해협Øresund의 회색 물결이 불안

하게 일렁였고, 그 너머로 스웨덴의 헬싱보리Helsingborg가 희미하게 보였다. 스웨덴과 덴마크가 이렇게 가까웠구나. 몇 주 전 떠나온 스웨덴을 다시 만나니 반가운 마음이 들었다.

헬싱괴르에서의 여행은 수난의 연속이었다. 방수가 되는 바람막이를 입어 상반신은 괜찮았지만, 바지는 젖을 대로 젖어 불쾌했다. 미리 찾아 놨던 스칸디나비아식 샐러드를 잘한다는 카페는 마침 휴일이었고, 즉흥적으로 찾아간 터키 음식점은 접시를 비우는 것이 힘겨울 정도로 입에 맞지 않았다. 케밥을 맛없게 만들 수 있다니 정말 대단한 재능이었다.

크론보르 성

내리는 비를 뚫고 헬싱괴르의 명소인 크론보르 성Kronborg Slot으로 향했다. 르네상스 양식으로 지어져 우아한 모습을 자랑하는 곳이었지만, 몸과 마음이 고단했던 탓인지 짙은 비구름 아래에 서 있는 성의 표정은 꽤 우울해 보였다. 크론보르 성은 영국의 극작가 셰익스피어의 4대 비극 중 하나인 햄릿의 배경으로 알려져 있는데, 오늘 날씨가 극 중 햄릿의 감정과 잘 어울렸다.

성의 출입구 근처에서 셰익스피어의 흉상을 발견할 수 있었다. 흉상 아래의 소개 글에는 "셰익스피어는 덴마크 설화에 등장하는 암렛Amleth 왕자의 이름 마지막 글자인 'H'를 앞으로 옮겨 햄릿Hamlet을 만들었다"라고 쓰여 있었다. 영국에서 햄릿이 발표되기 전인 1514년에 덴마크에서는 이미 삭소 그라마티쿠스Saxo Grammaticus가 쓴 『덴마크 연대기』가 발표되었다. 그 속에 실려있는 '비타 암렛' 이야기에는 왕자 암렛이 왕위 찬탈자인 숙부에게 복수하는 과정이 담겨 있는데, 그 내용이 햄릿과 놀랍도록 닮았다.

한국에서 사랑받는 서양 고전인 〈햄릿〉이 모방에서 탄생했다는 사실에 충격 받았다. 그런데 왕자 암렛의 설화가 깃든 이곳에 다름 아닌 셰익스피어의 흉상이 세워져 있다는 것에 허탈한 웃음이 터져 나왔다.

축축해진 몸으로 느릿느릿 햄릿의 무대 위를 걸었다.
고달픈 현재 상황이 마치 한 편의 작은 비극처럼 느껴졌다.

셰익스피어 흉상

*

세계에서 가장 아름다운 미술관

헬싱괴르를 출발한 버스는 바다를 왼쪽에 두고 남쪽으로 달려갔다. 비에 흠뻑 젖은 몸 때문에 선 채로 물을 뚝뚝 떨구고 있으니 흰 머리를 곱게 파마한 일흔은 족히 넘어 보이는 할머니께서 자꾸만 눈짓으로 좌석을 가리켰다. 몇 번을 주저하다가 의자 끝에 엉덩이만 살짝 걸쳐 앉았다.

30여 분만에 도착한 곳은 훔레벡Humlebæk이라는 마을이었다. 작고 조용한 곳이었지만, 나를 비롯한 꽤 많은 승객이 함께 하차했다. 모두 목적지가 같은 모양이었다. 우리는 함께 '세계에서 가장 아름다운 미술관'이라는 별명을 가진 루이지애나 현대미술관Louisiana Museum of Modern Art으로 걸어갔다.

담쟁이가 무성한 담 사이로 까만 철제 대문이 나타났고, 그 뒤로 미술관의 입구가 보였다. 여느 시골에 있을 법한 오래되고 평범한 주택의 모습이었다. 명성에 어울리지 않는 소박한 첫인상에 잠시 의아했으나 문을 통과해 로비에 들어서자 분위기는 극적으로 바뀌었다. 1층 공간에는 현대적 느낌이 물씬 풍기는 기프트숍이 들어서 있었고, 통유리로 이루어진 벽면을 통해서는 정원의 짙은 녹음이 그대로 번져 들어왔다.

들뜬 마음으로 미술관 탐험을 시작했다. 이곳은 덴마크뿐만 아니라 전 세계를 아우르는 팝아트, 현대미술 작품들을 소장하고 있었다.

마침 'Picasso before Picasso'라는 전시가 진행 중이었다. 피카소가 입체주의 거장으로 무르익기 전인 어린 시절에 그린 28점의 드로잉이 그곳에 있었다. 어린 피카소가 겪었을 법한 성장과 표현에 대한 고민을 드로잉을 통해 느껴볼 수 있었다.

여러 작품을 감상하다 문득 한 입상 앞에서 잠시 숨을 가다듬었다. 가늘고 긴 다리와 작은 머리. 알베르토 자코메티Alberto Giacometti의 작품 <걷는 사람Walking Man>이었다. 지독히 외로우면서도 한없이 가볍고 자유로워 보이는 인간의 발걸음이 입상으로 표현되어 있었다.

<Walking Man>

루이지애나 현대미술관은 소장하고 있는 작품들도 워낙 훌륭하지만, 공간 자체도 무척 매력적이었다. 각 전시관의 홀들을 연결하는 복도는 벽면이 모두 유리로 되어 있어 복도를 이동하는 동안 자연을 가깝게 느낄 수 있게 설계되었다.
미술관을 설립한 쿤드 젠슨Knud Jensen은 이곳이 관람자와 예술 작품이 완벽하게 소통 할 수 있길 원했다. 미술관이라는 공간이 작품의 가치를 드높이기 위한 화려한 쇼윈도가 아닌 관람자가 작품을 만나기 편안한 장소가 되어야 한다고 믿었다. 그래서일까. 이곳은 마치 익숙한 공원에

온 것 같기도, 부유한 할아버지의 저택에 방문한 것 같기도 했다.

미술관만큼 유명한 카페테라스에서 커피 한 잔을 주문했다. 몸 안으로 퍼져나가는 한 모금의 온기가 무척 소중하게 느껴졌다. 줄곧 내리던 비가 그치고 저 멀리 푸른 하늘이 드러나고 있었다. 불어오는 미풍에 알렉산더 칼더Alexander Calder의 모빌이 홀로 작은 춤을 추었고, 그 너머로 차분히 빛나는 외레순해협이 보였다. 자연과 건축물 그리고 작품이 모두 조화로운 그곳에서 마음은 다시 고요해지고 충만해졌다. 공간이 주는 위로란 이런 것일까. 하나의 여행이 끝나 간다는 초조함도 더 이상 느껴지지 않았다.

*

모래와 하얀 종탑

북유럽 여행의 마지막 여정은 코펜하겐에서 꽤 멀리 떨어진 마을로 가는 것이었다. 너무 이른 아침에 기차에 오른 탓인지 편안한 좌석에 앉자마자 모자란 잠이 꾸역꾸역 몰려왔다. 졸다 깨다를 반복하는 사이 열차는 북쪽을 향해 부지런히 달려갔다.
기차로 7시간이 넘게 걸리는 덴마크 최북단 마을의 이름은 스카겐 Skagen이었다. 이 지역을 촬영한 몇 장의 사진을 본 것이 여행의 계기가 되었는데, 신기하게도 그것이 그리 대단한 풍경이 아니었음에도 강한 자성에 이끌린 것처럼 자연스럽게 여행을 결심하게 되었다.

긴 이동에 지친 몸으로 스카겐역에 도착했다. 거칠고 투박한 어촌일 거라는 예상과는 달리 마을은 발랄하고 따뜻한 느낌이었다. 스카겐역을 비롯한 상가와 주택들은 2~3층 규모의 키 낮은 건물들로 이루어져 있었다. 붉은 지붕과 노란 벽으로 색상이 통일되어 마치 레고 블록으로 쌓은 장난감 마을처럼 아기자기했다. 예약해 두었던 숙소에 짐을 풀었다. 붉은 지붕 사이에 난 작은 창문을 통해 이곳의 일상을 엿볼 수 있는 아늑한 2층 다락방이었다.

스카겐에서는 대중교통을 이용하지 않고, 자전거로 부지런히 주위를 둘러볼 생각이었다. 숙소 근처에 위치한 대여점에 들러 회색빛의 짧은 수염을 가진 사내로부터 까만색 자전거 하나를 대여했다. 이미 오후 3시를 넘었기 때문에 그에게 상점이 닫으면 어떻게 반납

하는지를 물었다. 그는 긴 손가락으로 상점 앞 공간을 가리키며 쿨하게 대답했다.

"You just put your bike in the yard."

자전거와 함께하는 스카겐 여행은 고요하고 자유로웠다. 이 지역은 높은 언덕 없이 완만한 해안 사구로 이루어져 있었고, 곳곳에 전용 도로가 잘 정비되어 있어 자전거로 이동하기가 편리했다.

마을 중심가로부터 멀어질수록 앙증맞은 건물들은 점차 사라지고 대신 작은 관목들로 이루어진 키 낮은 숲이 나타났다. 숲 사이로 봉긋한 모래언덕이 보이는가 싶더니, 그 너머에 외롭게 서 있는 하얀 탑 하나에 시선을 뺏겼다. 스카겐에서 가장 오래된 건물 중 하나인 틸산데데 교회Tilsandede Kirke였다.

이 건물은 14세기에 처음 지어진 것으로 스카겐에서 가장 오래된 건물 중 하나인데, 그 후 스카겐 지역에 사막화가 진행된 몇백 년 동안 모래 속에 묻혔다가 다시 발굴되기를 반복했다. 1795년에 이르러 왕실의 명령에 의해 결국 본당은 철거되었고, 지금처럼 종탑만 처연하게 남겨졌다.
관광객들의 입소문을 탄 후로 지금은 잘 정비가 된 상태이지만, 한때 관리가 되지 않던 시절에는 탑 전체가 모래에 묻힌 적도 있었다.

스카겐역

릴산데데 교회

그럼에도 등대를 대신해 현지 어부들의 안전한 항해를 위한 랜드마크로서 역할을 했다. 세월이 흐르면서 사람들은 탑을 잊었겠지만, 탑은 묵묵히 어부들을 보살펴 온 셈이다.

자전거 옆에 걸터앉아 주위의 풍경이 오후의 햇살에 노랗게 물들어가는 것을 지켜보았다. 하얀 탑은 다정한 빛 속에서 더 이상 외로워 보이지 않았다. 손을 뻗어 가만히 한 줌의 모래를 움켜쥐었다. 느슨해진 손가락 사이로 포근한 온기가 흘렀다. 그 정도면 충분했다. 그날의 행복은.

덴마크의 가정식, 프리카델레

프리카델레Frikadelle는 덴마크식 햄버그스테이크로 이곳에서 가장 사랑받는 가정식 메뉴다. 우리에게 친숙한 미트볼과 유사하다. 주로 돼지고기를 사용하지만, 스카겐에서는 쇠고기로 만든 프리카델레를 맛볼 수 있었다.
팬에 다진 고기를 기름과 함께 튀기듯 구워 내 그레이비소스와 삶은 감자, 양배추나 절인 비트 등을 곁들여 메인 요리로 먹는데, 상황에 따라 식힌 뒤 차가운 상태로 먹는 경우도 있다. 풍미가 강한 그레이비소스를 프리카델레 위에 끼얹어 함께 먹는 것이 전통적인 방법이지만, 최근에는 기호에 따라 양을 조절할 수 있도록 별도의 용기에 담아 내기도 한다.

스카겐의 화가들

스카겐을 여행하는 동안 축복받은 듯 화창한 날씨가 이어졌다. 숙소 근처에 있는 로컬 빵집에 들러 간단히 아침식사를 해결했다. 여름의 햇살이 담긴 듯 바삭한 빵의 식감과 포근한 커피 향에 마음이 풍요로워졌다.

이곳의 일상을 엿보고 싶어 집 사이로 난 골목길을 걸었다. 그러다 어떤 건물 앞에서 발걸음이 멎었다. 꽤 오래되어 보이는 붉은 건물과 비교적 최근에 지어진 것으로 보이는 회색빛 건물이 나란히 서 있었다. 이웃하고 있지만 두 건물은 다른 분위기를 풍기고 있었고 흥미롭게도 출입구를 겸하는 통로는 마치 한몸처럼 연결되어 있었다. 알고 보니 이 공간은 지역 주민들이 자랑스러워하는 바로 그곳, 스카겐 미술관Skagens Museum이었다.

윌란반도Jylland Halvø 끝에 위치한 스카겐은 100여 년 전만 하더라

스카겐 미술관

도 약 2천 명의 주민이 살던 작디작은 어촌이었다. 1890년에 스카겐역이 완성되며 비로소 철도가 개통되었고, 큰 배가 드나들 수 있는 항구는 1907년에 건설되었다.

불편한 교통에도 불구하고 19세기 말 스카겐으로 스며든 예술가들이 있었다. 스카겐의 아름다운 자연과 독특한 문화가 그들의 감수성을 끊임없이 자극했고, 비교적 저렴한 비용으로 모델을 구할 수 있다는 점과 화가들의 방문을 환영하는 지역의 따뜻한 분위기도 예술가들을 불러들이는 주요한 요인이 되었다. 스카겐에 머물다 정착한 예술가들도 생겨났는데, 미카엘 앙케Michael Ancher와 페더 세버린 크뢰이어Peder Severin Krøyer 등 젊은 화가들이 대표적이다. 그들은 이곳에서 당시 스칸디나비아에서 가장 유명한 예술 공동체인 스카겐 화파를 이루었다.

스카겐에서 공동체를 구성했던 예술가들은 주로 브런뎀스 호텔에 머물렀다. 1908년 10월 20일, 이 호텔 식당에서 중요한 결정이 내려졌는데, 예술 공동체 소속 화가들과 지역의 유지들이 한데 모여 스카겐 미술관 설립에 뜻을 모은 것이었다. 지금의 미술관 건물은 그로부터 20년 후 1928년에 건립되었다. 스카겐을 사랑했던 예술가들과 주민들의 노력이 아름다운 꽃으로 피어나는 순간이었다.

미술관에 들어서자마자 뜻밖의 풍경에 입이 다물어지지 않았다. 소박한 건물의 외관과는 달리 벽면을 가득 채운 수많은 그림에 압도된 것이다. 작고 조용한 마을에 이처럼 풍성한 컬렉션의 미술관이 존재할 줄이야. 전시된 작품들은 대부분 스카겐의 자연과 지역민의 삶을 드라마틱하게 그려낸 것들이었다. 당시에 유행했던 자연주의와 인상주의의 영향으로 거친 파도와 바람의 흐름, 빛의 색채 등이 섬세하게 묘사되어 있었다.

스카겐 화파의 대표적인 작가인 앙케 부부의 작품도 여럿 눈에 띄었다. 남편인 미카엘 앙케는 스카겐 미술관이 건립되는데 중심 역할을 한 인물로 25세에 스카겐에 정착하여 평생을 거주한 작가였다. 이곳에서 한 여인의 미술 선생님이 되었는데, 그녀가 바로 그의 아내가 되는 안나 앙케Anna Ancher였다. 안나는 그녀의 재능을 일찍부터 알아본 미카엘과 어머니의 도움으로 코펜하겐 빌헬름 킨 학교에서 공부를 마칠 수 있었다. 그로 인해 그녀는 스카겐 화파 중 유일한 스카겐 태생의 화가가 되었다.

앙케 부부는 덴마크 사람들이 가장 사랑하는 화가이기도 하다. 미술관 근처에 앙케 부부가 거주했던 집이 앙케 하우스라는 이름으로 보존되어 있었다. 그들을 향한 덴마크인의 애정은 덴마크 지폐 속에서도 확인해 볼 수 있는데, 고액권인 1,000크로네에는 모자를 쓴 앙케 부부의 옆모습이 나란히 새겨져 있다.

미술관에서 만난 그림 중 여행이 끝난 후에도 계속 생각나는 작품이 하나 있었다. 오랫동안 시선을 거둘 수 없었던 매혹적인 작품은 페더 세버린 크뢰이어의 〈스카겐의 여름 저녁Summer Evening at Skagen〉이었다.

드레스를 입은 아름다운 여인이 개 한 마리와 함께 파도가 잔잔히 밀려오는 저녁 무렵의 해변에 서 있는 모습이 묘사되어 있다. 일몰 후 점점 어두워지는 푸른 대기를 표현했는데, 차갑지 않은 온화하고 부드러운 색채가 신비로웠다. 바다 위로 떠오른 달빛이 수면 위에 부딪혀 고요히 빛났고, 담담한 듯 슬픈 듯 미묘한 여인의 표정이 분위기를 더욱 몽환적이게 했다.

이 작품은 화가 페더 세베린 크뢰이어가 그의 아내 마리 크뢰이어Marie Krøyer를 모델로 그린 작품이었다. 페더는 자신의 아내를 덴마크에서 가장 아름다운 여인이라 극찬했으며, 자신의 작품에 아내를 여러 번 등장시켰다. 그에게 있어 마리는 영원한 뮤즈였다.

재능 있는 저명한 화가와 아름다운 아내 그리고 둘 사이에 낳은 딸까지. 겉으로 보기에는 남부럽지 않은 가정이었지만, 크뢰이어 부부가 함께한 시간은 그리 길지 않았다. 페더는 그림에 대한 집착과 정신병으로 점점 난폭해졌고, 마리는 견디기 힘든 일상 속에서 끊임없이 착한 아내로서의 역할을 강요받았다. 결국 마리는 6년간의 결혼 생활을 정리한 후 스웨덴 출신의 음악가인 후고 알벤Hugo Alfvén과 재혼했다. 이혼의 충격으로 페더의 정신병은 더욱 심해졌고, 결국 4년 후인 1909년에 58세의 나이로 사망했다.

마리 크뢰이어

페더는 뛰어난 화가였다. 그가 탐미했던 색채의 깊이가 그것을 증명했다. 하지만 그가 쏟아 냈던 예술에 대한 열망은 불행하게도 마리가 꿈꾸었던 평범한 여성으로서의 행복과 같은 방향에 있지 않았다. 어긋난 인연은 두 사람 모두에게 깊은 상처를 남겼다. 페더의 그림은 어쩌면 행복의 정점에서 불행으로 미끄러지던 한 부부의 별똥별 같은 기록이었다.

시선은 아름다운 마리의 초상을 향해 있

었지만, 그들의 이야기와 나의 미래가 가까이 있을 수 있다는 생각에 마음이 분주해졌다. 예술가로서 나의 행복의 방향은 과연 어느 곳을 바라봐야 할까. 당연하게도 결론은 그리 쉽게 나지 않았다. 고민이 깊어진 만큼 페더의 그림 앞을 오랫동안 떠나지 못했다.

*

두 바다가 만나는 곳

자전거를 타고 북쪽을 향해 달렸다. 한 달간 이어졌던 북유럽 여행의 종착지이자, 덴마크의 최북단인 그레넨Grenen으로 이어진 길이었다. 이미 성수기가 지난 탓인지 가는 동안 다른 여행자를 만날 수 없었다. 고요한 길 위로 들리는 것이라곤 삐걱대는 페달 소음과 키 작은 관목들이 바람에 몸을 떠는 소리뿐이었다.

불어오는 바람은 아직 여름의 기운을 품고 있어 따뜻하고 부드러웠다. 그레넨으로 가는 동안 두 개의 등대를 만날 수 있었는데, 홀로 떠나는 여행자의 뒷모습을 묵묵히 지켜봐 주었다. 적막하고 쓸쓸한 길이었지만 덕분에 많이 외롭지 않았다.

북쪽으로 10여 분을 달려가자 작은 관광안내소가 나타났다. 안내소 옆으로 마련되어 있던 거치대에 자전거를 세워 두었다. 포장도로는 여기서 끝나고 남은 1킬로미터 정도는 도보로 이동해야 했다. 작은 언덕을 넘어가자 금세 드넓은 모래사장이 나타났고, 그 너머로 푸른 바다를 품은 해안선이 길게 펼쳐져 있었다.

그레넨은 북해와 발트해, 두 바다가 만나는 곳이다. 좀 더 정확하게 표현하자면, 윌란반도와 스칸디나비아반도 사이에 있는 스카게라크해협Skagerrak과 카테가트해협Kattegat을 나누는 교차점이다. 거친 바람과 파도는 이곳에 4킬로미터 길이의 구부러진 모래톱을 만들어 냈다.

해안선을 따라 모래 위를 걸었다. 폐허가 되어 버린 오래된 콘크리트 벙커를 지나 10여 분을 나아가자 길게 이어지던 해안선이 사라지고 어느 순간 눈앞에 푸른 물결만이 가득 들어왔다. 북쪽으로 뻗어 나가던 윌란반도가 바다에 막혀 더 이상 나아갈 수 없는 지점. 스카겐 사람들이 '세계의 끝'이라 부르는 곳. 그레넨Grenen이었다.

모래톱의 가장 뾰족한 부분까지 다가가 고개를 숙이니 투명한 물빛 아래로 모래 바닥이 훤히 들여다보였다. 멀리 신발을 벗어 두고 바닷물에 살며시 발을 담갔다. 발가락 사이로 흐르는 차가운 바닷물이 계절의 변화를 알려 주었다. 충동적으로 바다를 향해 몇 걸음 더 나아갔다. 워낙 수심이 얕은 곳이라 20여 미터를 전진했음에도 파도는 겨우 발목 위에 와닿을 뿐이었다.
끊임없이 부딪히는 파도 소리 역시 새들의 지저귐처럼 분주했다. 자세히 보니 좌우 두 방향에서 밀려온 파도가 이곳에서 부딪쳐 하얀 물보라를 끊임없이 만들어 내고 있었다. 모래톱의 주변부는 평온한데, 이곳만 유난히 격정적이었다. 파도의 간섭으로 만들어지는 물결이 신비로워 한참을 쳐다봤다.

그레넨을 기념할 작은 선물을 가지고 싶어 모래 사이에 묻혀 있던 조약돌 몇 개를 주웠다. 물기를 머금은 조약돌은 오후의 햇살을 만나 보석처럼 빛났다. 하지만 아름다움은 그리 오래 가지 못했다. 물기가 마르자 표면의 광택은 사라지고, 거친 질감만이 남았다.

그동안 예쁜 돌을 줍듯 그림을 그려왔던 것은 아닐까. 허무한 가치를 좇지 않고, 나의 경험과 사유에서 비롯된 솔직함으로 반짝이는 그림. 거스르지 않는 자연스러운 그림을 그리고 싶어졌다.

조약돌을 모두 바다에 놓아주었다.
내려놓은 만큼 나는 더 가벼워졌다.

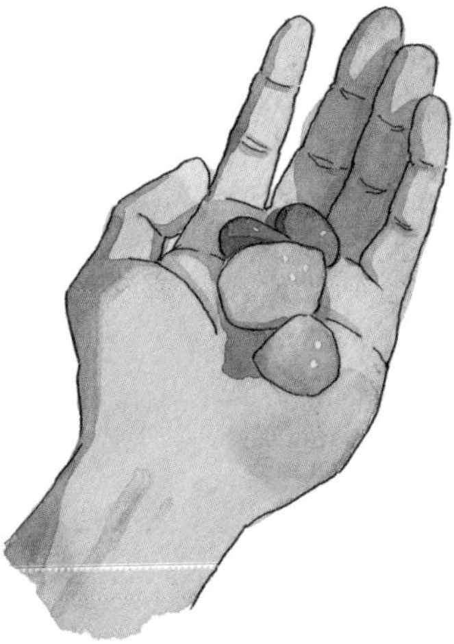

에필로그

헬싱키 반타 공항에 비가 내렸다. 창문에 맺힌 빗방울 너머로 핀에어 항공기의 창백한 날개가 보였다. 실내였지만 추위가 느껴져 배낭 속에서 두꺼운 맨투맨을 꺼내 입었다.

돌아온 서울은 여전히 무더웠다. 북유럽의 짧은 여름이 아쉬웠던 탓인지 9월의 더위가 그리 싫지 않았다. 익숙한 반지하 월세방으로 돌아와 바닥에 쌓인 먼지를 쓸고 닦았다. 짐 정리를 시작하니 배낭 속에서 한 달간의 추억들이 이리저리 튀어나왔다. 아무 일 없었다는 듯 하나의 여행이 끝났고, 품 안에 세 권의 스케치북이 남았다.

반복되는 일상은 여행으로 생긴 틈을 순식간에 메워 버렸다. 하루의 시작

은 마을을 달리는 자전거가 아닌 붐비는 지하철에서 이루어졌고, 아름다운 노을은 피오르 대신 한강 위로 스며들었다. 한 달 만에 연결된 관계 속에서 마음이 다시 분주해졌다.

부지런히 기록한 그해 여름은 그저 그런 일상에 큰 위로가 되었다. 작고 가벼운 그림에 불과하지만 때로는 나를 반짝이는 피오르와 자작나무 숲으로 데려갔다.

언제쯤 다시 외롭고 행복한 여행을 떠날 수 있을까.
마음의 갈증에 힘겨울 때 그리워질 것이다.
그 하얀 밤의 도시들이.

손으로 그린 하얀 밤의 도시들

혼자, 천천히, 북유럽

초판 1쇄 2020년 1월 2일
초판 4쇄 2022년 12월 24일

글과 그림 리모 김현길
발행인 유철상
편집장 홍은선
편집 정유진, 김정민
디자인 노세희, 주인지
마케팅 조종삼, 김소희
콘텐츠 강한나

펴낸 곳 상상출판
출판등록 2009년 9월 22일(제305-2010-02호)
주소 서울특별시 성동구 뚝섬로17가길 48, 성수에이원센터 1205호(성수동2가)
전화 02-963-9891(편집), 070-7727-6853(마케팅)
팩스 02-963-9892
전자우편 sangsang9892@gmail.com
홈페이지 www.esangsang.co.kr
블로그 blog.naver.com/sangsang_pub
인쇄 다라니
종이 ㈜월드페이퍼

ISBN 979-11-89856-56-4(03920)